Mélopées liturgiques

et

Mélodies modernes

Abbé Henri TISSOT

Organiste de la Basilique Saint-Ferjeux-Besançon

Mélopées Liturgiques

ET

Mélodies Modernes

Comment on peut traiter leur harmonisation

Prix net : 8 francs

BESANÇON

IMPRIMERIE BOSSANNE FRÈRES

1924

HARMONISATION

DES MÉLOPÉES LITURGIQUES

AVANT-PROPOS

Ce qu'il faut penser de l'accompagnement du Plain-Chant

Le plain-chant *ne doit pas être accompagné.* C'est un principe admis par toutes les écoles qui se sont occupées sérieusement des mélodies grégoriennes.

Cependant, à peu près partout, dans les églises ou chapelles, on entend le plain-chant accompagné d'accords pleins, adaptés plus ou moins bien aux gracieux contours des voix. Très rares sont les maîtres de chapelle qui ont le courage de faire exécuter ces belles et suaves mélodies dans leur sereine nudité.

L'illustre Gevaert écrivait en 1893 : « Un accompagnement continu, en accords « pleins, est contraire à la constitution du chant homophone et en détruit le « charme. *Des cantilènes sans modulations* causent plus promptement de *l'ennui* « *lorsqu'on y ajoute une harmonie.* Selon moi, toute réforme dans l'exécution du « plain-chant devrait débuter par la *suppression de l'accompagnement polyphone,* « procédé d'introduction assez récente. J'ai à me reprocher d'avoir moi-même « méconnu trop longtemps ce principe et continué à propager, par différentes « publications, une pratique équivoque. Aujourd'hui je regrette mon erreur passée, « et j'estime que le meilleur accompagnement du plain-chant ne vaut rien. S'il « faut absolument soutenir la voix pour la maintenir au ton, *le redoublement à* « *l'unisson des principaux sons de la mélodie, entremêlé par ci, par là, d'un simple* « *intervalle de quinte, pour souligner les cadences finales...* voilà tout ce qui me « paraît compatible avec le principe harmonique de la mélopée gréco-romaine et « la tradition du chant chrétien. » *(Mélopée antique,* page 25. Cité dans le *Traité d'accompagnement modal,* de M. Emmanuel).

Élève du célèbre musicologue, héritier et continuateur de ses savantes recherches, M. Maurice Emmanuel, actuellement professeur au Conservatoire national, écrivait en 1912 : « Alexandre Guilmant, quelques semaines avant sa mort, « en une intime réunion de musiciens, où il se montrait encore le plus jeune « d'entre eux, affirmait devant Charles Tournemire, Joseph Bonnet et l'auteur de « ce livre, que *sa conviction était identique,* et il la formula dans les mêmes termes « que Gevaert. » [1]

L'opinion de ces maîtres s'appuyait sur une connaissance approfondie des

[1] *Traité de l'accompagnement modal des Psaumes,* par Maurice Emmanuel, professeur au Conservatoire. — Anciennement : Janin, éditeur à Lyon, Actuellement : *Éditions musicales,* Janin, chemin des Chassagnes, Oullins (Rhône).

origines du chant liturgique. Le plain-chant, « issu des échelles antiques, répugne
« par son organisme, à tout compromis avec l'harmonie simultanée du régime
« tonal moderne. Gevaert, si la mort ne l'avait point ravi trop tôt à ses multiples
« fonctions, avait l'intention de prendre la parole et de faire sans merci le procès
« des accompagnements. » (¹)

Ayant eu le bonheur d'être l'élève du savant professeur et délicat artiste qu'est
M. Maurice Emmanuel, nous ne pouvons trop affirmer ici combien nous sommes
personnellement convaincu de ce principe : *Qu'il ne faut point habiller le plain-
chant d'harmonies modernes.* Un sculpteur oserait-il vêtir César ou Charlemagne
d'une veste et d'un pantalon modernes? C'est bien un peu cela que l'on ose faire
vis à vis des antiques mélodies de l'Eglise !

**

A l'encontre de cette thèse, voici de sérieuses objections : 1° Le public actuel
ne saurait se passer de l'accompagnement (cette habitude ne date pas d'hier) ; 2°
Les chantres surtout veulent être accompagnés et soutenus par l'orgue ; 3° Le
grand orgue, pour répondre en solo à la phrase du chœur, a besoin de vêtir le
plain-chant d'harmonies suffisantes !

Nul ne peut nier le bien fondé de ces raisons, et dans l'état actuel de nos
églises nous sommes obligé d'en tenir compte. Aussi, essayons d'accompagner le
moins mal possible, de restreindre au minimum l'harmonisation et de choisir dans
le système diatonique moderne les accords qui, étant les plus simples, habillent le
plain-chant de la façon la moins disparate.

« Je sais ce que quelques organistes de chœur, dignes de leur fonction, pensent
« de l'harmonisation des vieux chants. Ils savent qu'elle est illégitime, mais ils se
« disent que, en tout état de cause, et puisque cette profanation imposée..... est
« inévitable, il vaut mieux qu'elle revête une certaine décence, et ils s'appliquent
« à ce genre d'habillage avec une louable discrétion..... Je veux espérer cepen-
« dant que leur activité harmonicienne, si prudemment réglée qu'elle s'efforce
« d'être, n'est qu'une transition entre les accompagnements coutumiers d'une in-
« fernale laideur et le *taceat* définitif. » (²)

**

Faut-il que l'organiste se taise complètement pendant l'exécution du plain-
chant à l'office liturgique ? *Non, assurément !* Il y aura toujours la psalmodie qui
tolère d'être accompagnée et pendant laquelle, s'il est artiste et sait manier le
contrepoint, il aura une *besogne d'art perpétuellement variée.*

Puis, dans les autres parties de l'office où il doit supprimer les accords, se
taire harmoniquement, *il soutiendra les voix à l'unisson* « et cherchera à décou-
« vrir et à placer au bon endroit la *quinte modale conclusive.* Il produira ainsi,
« à la fin de toute mélopée liturgique, une harmonie rudimentaire, complète
« parfois, en tous les cas légère, furtive, réduite à une touche de couleur atténuée,
« dont il sera le premier à s'éprendre. » (³)

(¹) Maurice Emmanuel, *Traité de l'accompagnement modal des Psaumes*, page 5,
Janin, éditeur.
(²) Ibid.
(³) Ibid., page 6.

Cette Méthode est donc faite *ad utilitatem*, comme moyen de perfectionnement, pour permettre à ceux qui sont obligés d'accompagner le plain-chant d'avoir une harmonisation très simple, très douce, très peu apparente, capable de moins offenser le goût éclairé de ceux qui désirent conserver aux mélodies grégoriennes leur beauté primitive.

Au grand orgue, lorsqu'il doit faire la réponse alternative avec le chant du chœur, l'organiste devra s'inspirer de ces mêmes principes en y adaptant tout l'art et toute la science contrapuntique dont il sera capable. La simplicité du matériel harmonique présenté dans cette Méthode ne doit pas surprendre, puisque moins les accords de trois sons seront perçus et mieux seront goûtées les mélodies du Moyen-Age dans leur délicate structure. Cette simplicité dans l'harmonisation, pour être convenablement adaptée, suppose une connaissance approfondie des *Origines du chant grégorien* et des *échelles modales* qui leur ont servi de cadre sonore, enfin de *fortes études d'harmonie et de contrepoint*.

Il y aura parfois une réelle difficulté à découvrir l'échelle et la quinte modale. Aussi, *il sera nécessaire d'étudier au préalable chacune des pièces à exécuter*. Il n'y a pas d'autre moyen, pour un organiste, de tenir son rôle modeste, mais éminemment artistique.

Henri TISSOT.

Fête de tous les saints, 1ᵉʳ novembre 1923.

Laudate Dominum in sanctis ejus.
Laudate eum in chordis et organo.

PREMIÈRE PARTIE

ACCOMPAGNEMENT SYLLABIQUE

CHAPITRE PREMIER

Notions indispensables de Solfège & d'Harmonie

Le principe de toutes les mélodies primitives non harmonisées est le mode mineur de *Mi* appelé *Doristi* ou mode Dorien, dont la pente va de l'aigu au grave. Ce mode contient deux fondamentales : *Mi* et *La*.

Mineur absolu. Mode Dorien

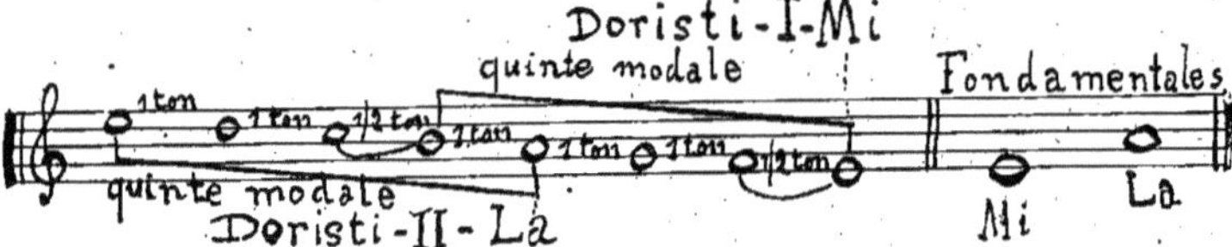

Tel est le schéma de l'échelle ou gamme antique utilisée au Moyen-Age pour la composition du plain-chant. Cette échelle n'est pas harmonique et se trouve orientée de l'aigu vers le grave. Elle exclut la cadence parfaite.

Le principe de toutes les mélodies et de toute l'harmonie moderne, c'est le *Mode Majeur de Do* ou *Ut*. Il n'a qu'une fondamentale : *Do*. Sa dominante *Sol* (5e note de la gamme) combinée avec la sensible *Si* dans la cadence parfaite impose à ce mode l'ascension du grave à l'aigu.

Majeur absolu. Gamme de Do

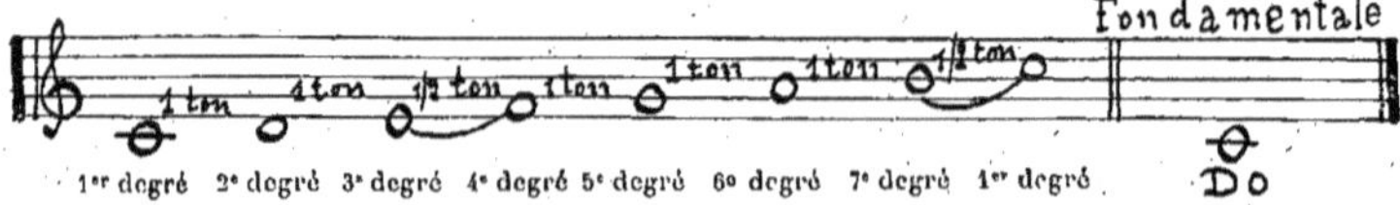

1er degré   2e degré   3e degré   4e degré   5e degré   6e degré   7e degré   1er degré

C'est l'échelle moderne, harmonique et harmonisée, qui est orientée vers l'aigu. Elle est inséparable de la cadence parfaite. L'échelle moderne, soi-disant mineure, n'est qu'une variante de la gamme majeure. Il est inutile d'en parler ici.

Définitions. — On appelle *degrés* les différents *sons* dont une échelle ou gamme est composée. (Voir l'exemple précédent).

On nomme *degrés conjoints* deux ou plusieurs degrés contigus ayant entre eux un intervalle d'un ton ou d'un demi-ton. Ce sont les intervalles de seconde qui forment les degrés conjoints. (Voir les exemples ci-après).

On nomme *degrés disjoints* deux ou plusieurs degrés non contigus ayant un intervalle de plus d'un ton. Les intervalles de tierce, de quarte, de quinte, de sixte, de septième, etc., forment les degrés disjoints.

Degrés conjoints

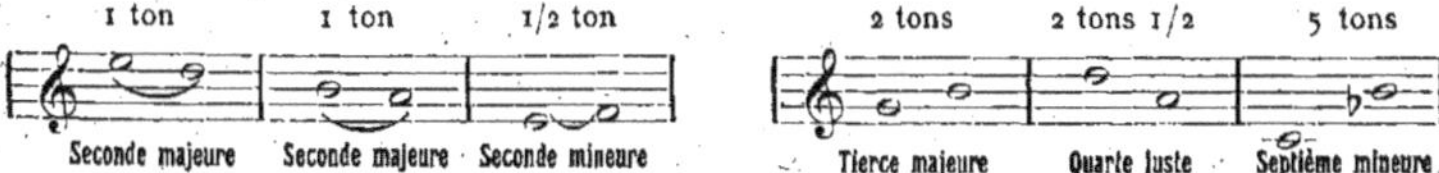

On appelle *intervalle* la distance qui existe d'un son à un autre son. Les intervalles tirent leur nom du nombre de degrés diatoniques dont ils sont composés. Le qualificatif qui les accompagne vient de leur grandeur.

TABLEAU DES INTERVALLES DIATONIQUES

Consonances & Dissonances. — Les intervalles d'octave, de quinte, de quarte, de sixte et de tierce sont appelés consonants, c'est-à-dire qu'ils ont un caractère de repos et de douceur à l'oreille. Les intervalles de seconde, de septième et de neuvième sont appelés *dissonants*, c'est-à-dire qu'ils ont un caractère de changement et de dureté à l'oreille. L'intervalle de triton (quarte augmentée ou quinte diminuée) quoiqu'étant un peu dur à l'oreille, n'est pas considéré comme une dissonance absolue.

La *mélodie* est l'émission successive de plusieurs sons différents.

Le *rythme* est la sensation de la durée des sons. La mélodie et le rythme sont les deux éléments de la musique des civilisations antiques.

L'*harmonie* est l'art de former les accords et de les enchaîner. Inconnue des anciens, l'harmonie prit naissance vers le XIIe siècle.

Des accords en général. — On nomme *accord* l'émission de plusieurs sons différents pouvant être entendus à la fois. La constitution primitive de tout accord consiste dans un ensemble de trois, quatre ou cinq sons différents appartenant tous à une gamme et superposés en intervalles de tierces.

Accords à l'état d'origine

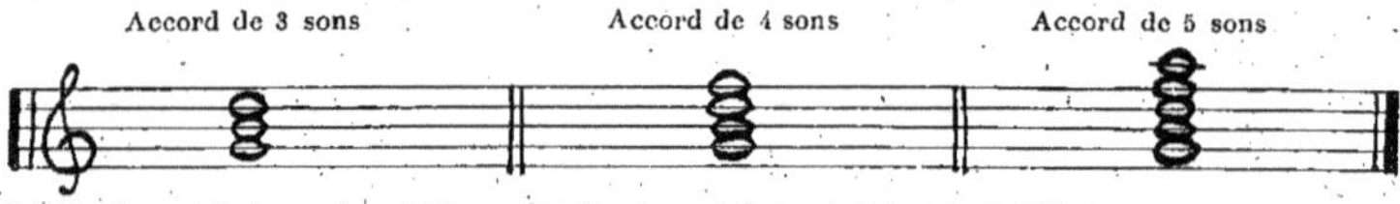

Dans ces accords, la note la plus basse est la plus importante, elle se nomme : *fondamentale*.

On nomme *accords consonants* ceux qui ne renferment que les intervalles consonants de quinte, de sixte et de tierce. Ils sont appelés accords parfaits parce qu'ils expriment le repos absolu. Ce sont les accords de trois sons.

On nomme *accords dissonants* ceux qui renferment les intervalles dissonants de seconde, de septième et de neuvième ; ils expriment avec plus ou moins de force l'idée de changement. Ce sont les accords de quatre et cinq sons. Il suffit d'un seul intervalle dissonant pour que l'accord tout entier devienne dissonant.

Dans l'accompagnement du plain-chant tel qu'il est possible de le tolérer, on ne se sert que des accords consonants de trois sons, c'est-à-dire de *l'accord parfait* et de son premier dérivé, *l'accord de sixte*.

De l'accord parfait. — Sur chaque note de l'échelle antique de Mi ou de la gamme moderne de Do on peut former un accord consonant de trois sons.

Accords à l'état d'origine

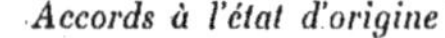
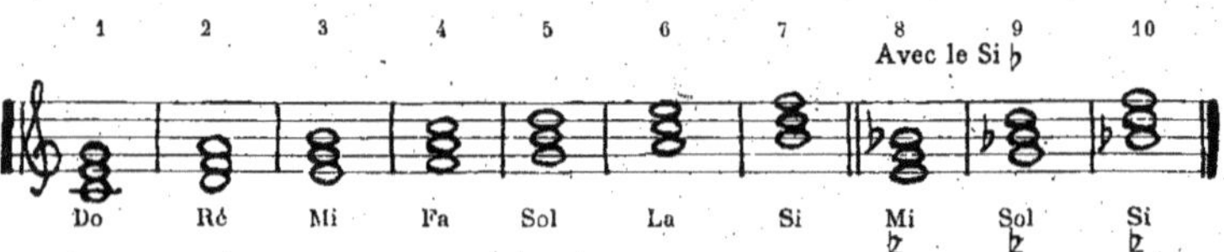

Les accords 1, 4, 5 et 10, formés sur Do, Fa, Sol et Si ♭, sont appelés *majeurs*, parce que la première tierce est majeure (2 tons d'intervalle).

Les accords 2, 3, 6 et 9, formés sur Ré, Mi, La et Sol (♭), sont appelés *mineurs*, parce que leur première tierce est mineure (1 ton 1/2 d'intervalle).

Les accords 7 et 8, formés sur Si et Mi (♭), sont appelés accords de *quinte diminuée*, parce qu'ils sont composés de deux tierces mineures superposées, formant ensemble un intervalle de quinte diminuée ou triton. L'accord de quinte diminuée étant un peu dur pour l'oreille n'est pas usité ici comme accord parfait, il est seulement *toléré* comme *accord de sixte.*

Le *Si bémol* (♭) tel qu'il est utilisé dans les mélodies grégoriennes est un reste de la musique gréco-romaine survivant à travers le Moyen-Age. Il sera employé de la même manière dans l'accompagnement de ces mélopées.

Les 3 positions de l'accord parfait. — Les accords parfaits peuvent prendre diverses formes ou *positions*, c'est-à-dire que la place des notes qui les composent peut être changée, à l'exception toutefois de la note de basse qui doit toujours occuper la partie grave. La basse s'appelle alors : fondamentale.

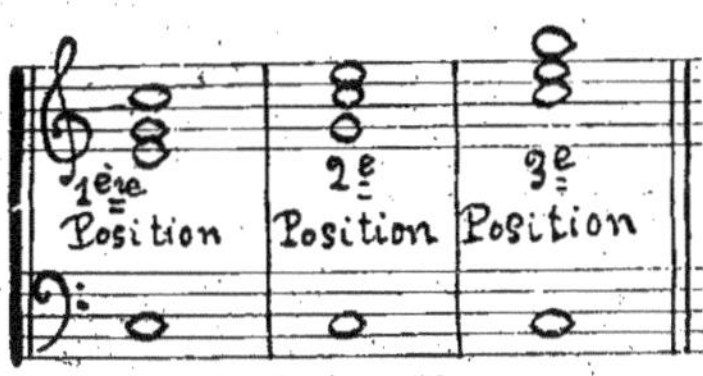

RENVERSEMENTS. — Si au lieu de la fondamentale, on place à la basse une autre note constitutive de l'accord, il y a renversement. Il est bien nécessaire de distinguer le renversement du changement de position. Dans le renversement, c'est la note *de basse* qui *est changée* (au lieu d'être la fondamentale, c'est une autre note de l'accord), tandis que dans le changement de position, la note de basse, appelée fondamentale, ne change pas ; les notes supérieures de l'accord seules changent de place.

Chacun des accords parfaits de la gamme de Do a deux renversements, suivant que l'on met comme basse la deuxième ou la troisième note de l'accord.

Le premier renversement se nomme accord de sixte (6).

Le deuxième renversement se nomme accord de quarte et sixte $\binom{6}{4}$

L'accord de *quarte et sixte*, étant un des facteurs essentiels de la cadence parfaite moderne, doit être exclu des cadences de la mélodie médiévale, parce que la cadence parfaite de notre musique actuelle est incompatible avec les échelles antiques. Il ne doit être utilisé que comme accord de passage. C'est pourquoi nous n'en traiterons pas ici. (Voir plus loin aux Eléments d'harmonie, ce qui concerne l'accord de quarte et sixte de passage).

L'accord de *sixte* étant doux et très agréable à l'oreille, sera très utilisé. Il a trois positions, dont deux seulement sont usitées : ce sont la position directe ♮ et la position indirecte ♮.

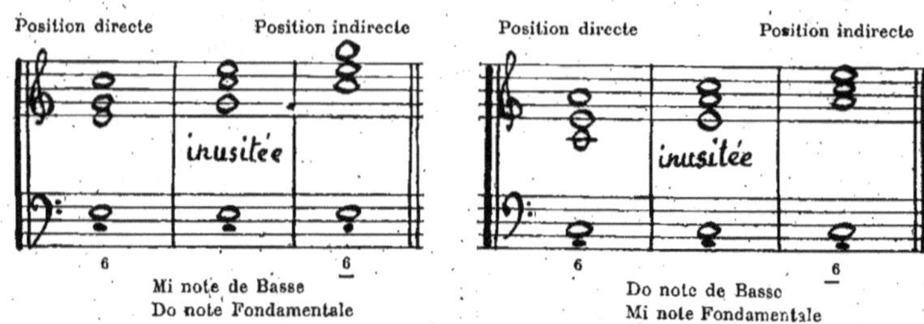

TABLEAU DES ACCORDS DIATONIQUES

Le tableau précédent donne l'ensemble des accords que l'on peut établir sous chacune des notes du chant. Il comprend les trois positions des accords parfaits, plus les deux positions des accords de sixte. Les accords de quinte diminuée n'ont été conservés qu'à l'état de premier renversement (sixte directe 6 et sixte indirecte 6).

Les accords de sixte sont écrits à trois parties seulement afin de ne pas créer de difficultés aux débutants.

Il est nécessaire d'étudier très sérieusement ce tableau et de le répéter comme exercice journalier, car il contient tous les accords qui vont être utilisés dans l'accompagnement du plain-chant non transposé.

(Observer le doigté indiqué par les petits chiffres).

REMARQUES. – *Les chiffres* placés au bas des portées de musique ont une signification très importante : ils indiquent à la fois *les notes de l'accord et la note de basse*. C'est le *chiffrage des accords*.

Position des notes. — Les accords qui portent le même chiffre ont la même forme et le même doigté, sur quelque note qu'ils se trouvent. Il est très important dans les débuts de se rappeler la forme spéciale à chaque accord.

Note de basse. — Le chiffre 8 indique à l'exécutant que la note de basse est placée à l'octave au-dessous de la note du chant. C'est la même note que celle du chant ; ou mieux, c'est la note supérieure de l'accord qui est répétée à la basse. Le chiffre 3 signifie que la note de basse est la tierce de la note du chant, à une ou plusieurs octaves d'intervalle. C'est la note du milieu de l'accord qui est répétée à la basse. Le chiffre 5 signifie que la note de basse est la quinte de la note du chant. C'est la note extrême de l'accord qui est répétée à la basse.

La forme de l'accord de sixte, position directe, à trois parties, chiffre 6, ressemble pour la main droite aux accords chiffrés 8 dont on aurait enlevé la note extrême pour la placer à la basse.

La forme de l'accord de sixte, position indirecte, à trois parties, chiffre 6, ressemble pour la main droite aux accords chiffrés 5 dont on aurait enlevé la note du milieu pour la placer à la basse.

EXERCICES SUR LES ACCORDS

Répéter chaque exercice cinq à six fois.— Observer le doigté qui est représenté par les petits chiffres placés à côté des notes.

Manière d'apprendre à lire les accords sur les chiffres

Exécuter lentement le morceau suivant en liant les accords le plus possible.

Exécuter ensuite ce même exercice en lisant le chiffrage seul sous le chant.

L'élève doit en jouant les exercices suivants trouver facilement et immédiatement les accords marqués par les chiffres. Quelques heures d'études suffiront ordinairement pour obtenir ce résultat. Lorsque la mémoire fera défaut, il faudra se reporter au *Tableau général des Accords diatoniques*, page 8.

Exemples : 1º *Hymne du Temps pascal*

2° *Sanctus de la Messe des morts*

CHAPITRE II

Succession des Accords

Nous avons étudié jusqu'ici les diverses formes des accords qui seront utilisés dans l'accompagnement du plain-chant. Etudions à présent la manière de les enchaîner, de les faire se succéder l'un à l'autre. On peut se servir de tous les accords de trois sons constitués sur l'échelle diatonique (voir le tableau de la page 8), mais on ne peut indifféremment les faire se succéder dans l'accompagnement d'une mélodie : il faut nécessairement faire un choix, suivre des règles.

De même que dans le langage et l'écriture ordinaires on suit les règles de la grammaire, de même dans le langage et l'écriture musicale, il faut suivre les règles de l'harmonie.

1re Règle. — Des mouvements

La marche des accords peut se pratiquer de trois manières différentes : 1º Par le mouvement contraire ; 2º Par le mouvement oblique ; 3º Par le mouvement direct.

Règle. — **Dans le cours de l'accompagnement, il faut rechercher de préférence le mouvement contraire entre la basse et le chant.**

Les mains suivent la direction des flèches.

De ces trois mouvements, le mouvement *contraire* doit être le plus souvent pratiqué parce qu'il permet d'éviter plus facilement les fautes d'harmonie.

Vient ensuite le mouvement *oblique;* il donne une agréable souplesse à l'harmonie. La note commune ou immobile est un lien entre les accords et donne de la cohésion à la phrase harmonique. Lorsqu'il est praticable, le mouvement oblique est souvent préférable au mouvement contraire.

Enfin le mouvement *direct* que l'on doit pratiquer le moins souvent. Il est peu gracieux et expose l'élève aux fautes d'harmonie.

2e Règle. — Enchaînement des accords

1º **Ne pas faire succéder à la suite l'un de l'autre plusieurs accords ayant le même chiffre ;**

2º **Ne pas faire succéder à la suite l'un de l'autre les accords ayant les chiffres 5 et 6 ;**

3º *Exception.* **Les suites de sixtes directes sont permises (chiffres 6).**

Nota. — Cette règle tout empirique permet au débutant d'éviter facilement les suites de quinte et d'octave défendues dans l'harmonie classique et fait contracter de bonnes habitudes. Plus loin nous verrons les moyens de s'en libérer.

EXEMPLES

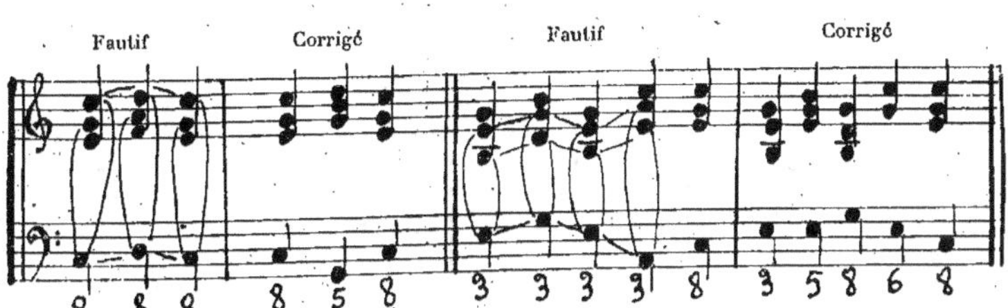

Plusieurs accords 8 se succédant par mouvement direct forment des suites de quinte et d'octave.

Plusieurs accords 3 se succédant par mouvement direct forment des suites de quinte et d'octave défendues en harmonie classique.

Plusieurs accords 5 se succédant immédiatement produisent des successions de quinte et d'octave défendues même par mouvem[t] contraire.

Les accords 6 et 5 en se succédant immédiatement produisent des suites de quinte défendues même par mouvement contraire.

Les accords 6 (sixtes indirectes) en se suivant produisent des suites de quintes défendues dans l'harmonie classique.

Les accords 6 (sixtes directes) en se suivant ne produisent pas de fautes d'harmonie, même par mouvement direct.

3e Règle. — Formation de la basse

On doit le plus possible rechercher une basse chantante procédant par degrés conjoints. *Pratiquement*, il faut éviter à la basse les intervalles trop grands. Les intervalles de sixte majeure, de septième, de neuvième, sont trop grands. L'intervalle d'octave est utilisé quand on veut passer du grave au moins grave et vice-versa.

REMARQUES. — 1° Pour commencer l'accompagnement d'une mélodie grégorienne, on peut se servir de l'une ou l'autre des trois positions de l'accord parfait (accords 8, 3 et 5). On peut aussi quelquefois commencer par un accord de sixte (6 ou 6). Il faudra se servir de préférence de l'accord qui sera le plus conforme à la nature du Mode. (Voir plus loin Etude de la Modalité).

2° Pour la fin d'une mélodie on se servira en général de la première position de l'accord parfait (8). Mais dès que l'élève aura étudié la Modalité, il devra se soumettre aux exigences de la quinte modale.

3° Les accords utilisant le Si♭ ne s'emploient en général que lorsque le Si♭ se trouve utilisé dans le chant.

EXERCICES

Hymne au Saint-Sacrement

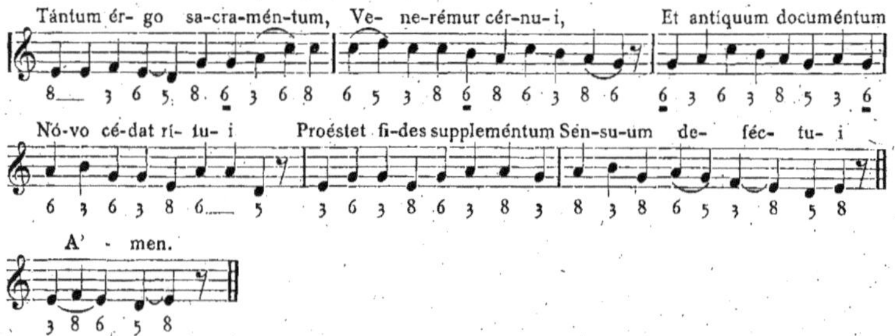

Hymne à la Sainte Vierge (fragments)

Hymne à la Sainte Trinité

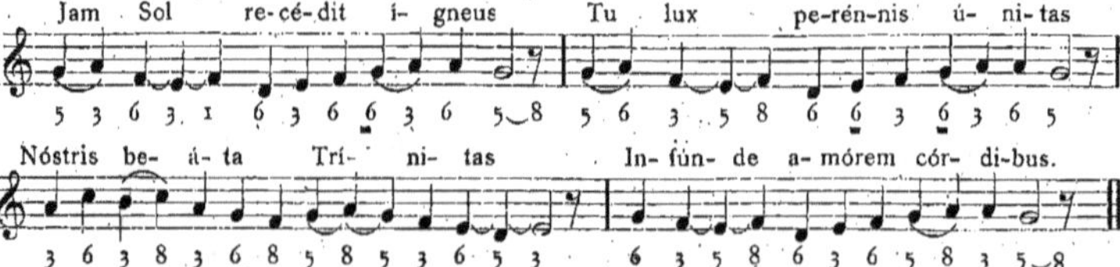

Exception. La deuxième règle (enchaînement des accords), n'est pas absolue. Il est bien évident que l'on peut éviter les suites d'octave et de quinte, tout en faisant se succéder immédiatement des accords de même chiffre. Nous en donnons ici des exemples pour le chiffre 3. Mais afin que l'élève conserve des notions claires et précises, nous respecterons cette deuxième règle dans toute la *Méthode d'Accompagnement modal.*

Manière de faire succéder les accords chiffrés 3 sans occasionner de fautes de quintes et d'octaves

DEVOIRS ÉCRITS POUR L'ÉLÈVE

L'élève ne doit pas se contenter de jouer au clavier des exercices tout faits, il devra aussi écrire lui-même ses accompagnements. On ne comprend bien et l'on ne sait bien que ce que l'on fait soi-même. *Fabricando fit faber.*

Transcrire les exercices suivants. Chiffrer les accords en appliquant les accords de l'accompagnement. Exécuter ensuite au clavier.

DEUXIÈME PARTIE

ACCOMPAGNEMENT AVEC NOTES MÉLODIQUES

CHAPITRE PREMIER

Notions préliminaires

Jusqu'à présent, nous avons traité de l'accompagnement syllabique, dans lequel chaque note de la mélodie porte un accord spécial et différent. Il était nécessaire de procéder ainsi au début, car l'accompagnement syllabique n'est en réalité qu'une courte étude des principes essentiels de l'harmonie. Mais l'allure légère et rapide de la mélodie grégorienne ne supporte pas l'accompagnement syllabique. Le plain-chant se déformerait sous ce pesant fardeau. « Avec l'accompagnement syllabique, écrivait M. Th. Nisard, « la naïveté, le coloris de certains groupes mélodiques, l'allure pieusement joyeuse et « vive de plusieurs cantilènes du culte, tout disparaît, tout s'altère, tout s'empreint d'un « caractère barbare et grossier. »

Il faut donc remplacer l'accompagnement syllabique par un autre genre d'accompagnement plus approprié à la nature des neumes et à la qualité du rythme grégorien. Les accords doivent aider à distinguer entre eux les groupes de notes et souligner l'allure de la phrase ; ils ne doivent pas la niveler et l'alourdir.

Pour obtenir ce résultat, il faut réduire le nombre trop grand des accords et se contenter ordinairement d'un accord par groupe de notes. On obtient ainsi *l'accompagnement avec notes mélodiques.*

PRINCIPES

I. *Choix des accords.* — Dans l'accompagnement du plain-chant, tous les accords formés par les divers sons de l'échelle correspondante peuvent être utilisés. Ce sont les accords formés sur la gamme de Do (page 8). Les 6 n'y figurent pas.

II. *Place des accords.* — On ne se servira en général des changements d'accords que sur la première note des groupes de deux ou trois sons, ainsi que sur les notes accentuées. (Il faut s'inspirer de ce principe, mais cependant ne pas l'appliquer avec trop de rigorisme).

III. *Manière d'accompagner.* — 1° On accompagnera les mélodies du plain-chant si on le juge à propos, mais toujours d'une manière discrète et proportionnée au nombre et à la force des chanteurs ; 2° En particulier, on ne se servira autant que possible que de jeux de fonds de 8 pieds ; 3° Les organistes sont invités à se conformer aux prescriptions liturgiques quant à l'emploi de l'orgue.

Nota. — Ces principes ont été votés, sous la présidence de M. Amédée Gastoué, dans une séance du Congrès musical international de Strasbourg (août 1905) et renouvelés aux Congrès de Tourcoing (septembre 1919) et de Paris (décembre 1922). Ils nous serviront de guide sûr pour établir les règles de l'accompagnement mélodique.

On distingue deux sortes d'accompagnement avec notes mélodiques :

1° avec *Harmonie serrée ;* 2° avec *Harmonie divisée.*

CHAPITRE II

Harmonie serrée

REMARQUES. — Il est nécessaire d'habituer l'élève à traduire la notation neumatique en notation musicale ; cet exercice oblige à se rendre compte de la durée des sons et du rythme grégorien.

L'unité de temps est la croche ( ) qui traduit toutes les valeurs du plain-chant.

La noire ( ) traduit la mora vocis, les incises, le ralentissement à la fin des phrases mélodiques, le pressus, la distropha.

La noire pointée ( ) traduit la tristopha.

La bivirga, l'oriscus et le strophicus seront mieux traduits par des croches liées et .

Le signe (Λ) indique le pressus ( )

Les notes piquées indiquent les notes liquescentes ( ) ( )

Le quilisma se traduit par le rythme ( )

Nous indiquons par un trait placé à la droite du chiffre l'accord qui doit être continué sous les notes de la mélodie. L'accord doit durer pendant toute la longueur du petit trait. Les passages sans accord ne sont pas chiffrés.

Effet traduit au clavier

Les passages non chiffrés peuvent se jouer avec une seule note ou à l'unisson avec l'octave.

REMARQUE. — Il faut avoir soin de tenir *bien enfoncées* sur le clavier les notes constitutives de l'accord pendant toute la durée du trait faisant suite au chiffre. Les dissonances passagères qui peuvent se rencontrer par suite du frôlement des notes mélodiques, doivent être considérées comme négligeables. Les passages sans accords sont mieux placés au début des motifs mélodiques.

1re RÈGLE. — On place généralement un accord sur la première note des groupes neumatiques du plain-chant.

REMARQUES. — En exécutant les groupes de notes, bien lire le chant. Pour cela, il faut toujours avoir quelques doigts libres à la main droite et pratiquer le doigté par substitution.

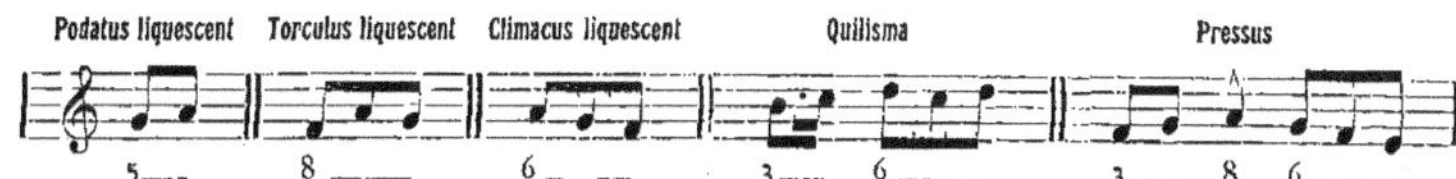

Neumes d'ornement. — Les notes liquescentes étant de leur nature adoucies et rapides, on doit les accompagner très légèrement. Le quilisma demande l'accord au commencement de son groupe. Le pressus entraîne ordinairement le frappé de l'accord sur sa note accentuée.

2e Règle. — **On doit placer à la fin des mélodies l'accord de fondamentale.** Il sera indiqué par la quinte modale. (Voir les échelles modales, 3e partie).

3e Règle. — **Dans les chants syllabiques, l'accord se place de préférence sur la syllabe accentuée. Dans les chants neumés, l'accord se place ordinairement au commencement de chaque neume.**

1° *Chant syllabique.*

2° *Chant neumé.* Alleluia de la messe *Os justi* (Conf. non Pont).

Hymne du Dimanche de la Passion

Devoirs écrits pour l'élève. — Transcrire en notation musicale et chiffrer les accords d'après les règles précédentes : 1° L'Hymne de la Nativité *Jesu Redemptor;* 2° Les première, deuxième, troisième et quatrième Antiennes des Vêpres du 4ᵉ Dimanche de l'Avent.

REMARQUE. — Arrivé à cet endroit de la Méthode, l'élève pourrait à la rigueur se contenter d'accompagner le plain-chant avec l'harmonie serrée ; il devrait en ce cas sauter le chapitre suivant (Harmonie divisée) et s'exercer immédiatement sur la Modalité (3ᵉ partie) et la Transposition (4ᵉ partie). Il pourrait ensuite revenir au chapitre de l'Harmonie divisée. Nous recommandons cette manière de travailler à ceux qui ne connaissent qu'imparfaitement le clavier.

Au contraire, nous déconseillons cette façon d'étudier à ceux qui possèdent une connaissance suffisante du clavier. Pour ces derniers, mieux vaut suivre l'ordre de cette Méthode.

CHAPITRE III

Harmonie divisée

AVERTISSEMENT. — Ce chapitre est destiné à remplacer, très imparfaitement, mais le plus brièvement possible, ce qui, dans les manuels d'harmonie, traite de la succession des accords, des notes mélodiques, des notes de passage, etc. Une étude sérieuse sur ces sujets serait bien nécessaire. Nous engageons vivement à la faire dans un des traités suivants : *Manuel d'Harmonie*, par A. Savard, Girod, éditeur. Ouvrage court, simple et très clair ; *Traité d'Harmonie*, par Th. Dubois, Heugel, éditeur, 2 bis, rue Vivienne, Paris. Ce volume enseigne d'une façon très claire toute l'harmonie classique.

Le plain-chant étant essentiellement une mélodie, il est nécessaire que le jeu de l'accompagnateur soit lié et léger, qu'il soutienne la mélodie sans l'éteindre. Or, avec l'harmonie serrée telle que nous l'avons enseignée dans le chapitre précédent, le chant se trouve être encore trop saccadé par suite du déplacement de la main droite lorsqu'elle change d'accord. La mélodie est souvent étouffée par la pesanteur des accords pleins. Enfin, le changement trop fréquent de la note de basse enlève à la pureté et à la netteté des contours mélodiques. Par la pratique de l'harmonie divisée il est possible d'éviter ces écueils.

L'harmonie serrée consiste à donner régulièrement des accords de trois sons à la main droite et à ne laisser qu'une note à la main gauche : la note de basse.

L'harmonie divisée consiste à distribuer, suivant les nécessités du doigté et de l'harmonie, les notes de l'accord aux doigts de la main droite et de la main gauche à peu près également.

Les accords restent les mêmes ; la place des notes entre la basse et le chant est seule différente. Exemple :

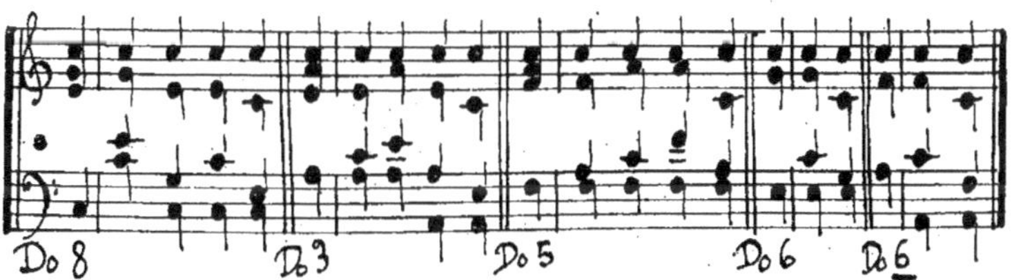

Il y a encore bien d'autres positions de notes que l'on pourrait obtenir en transformant les accords par l'harmonie divisée. Nous nous contenterons de conseiller aux élèves débutants l'étude sérieuse du tableau suivant dans lequel nous avons conservé les mêmes accords que ceux de la page 8, mais en donnant à la main gauche la troisième note de la main droite. Au clavier, il y a donc deux notes à la main droite et deux notes à la main gauche. Les accords de sixte étant écrits, dans cette Méthode, à trois parties seulement (ce qui simplifie les études) n'ont pas subi de changement.

1re RÈGLE. *Quintes et octaves consécutives*. — **Il est défendu, dans l'harmonie classique, de faire, entre deux parties quelconques, deux quintes ou deux octaves consécutives soit par mouvement direct, soit par mouvement contraire.**

REMARQUES. — 1° Pour la correction des fautes de quinte et d'octave, il faut supprimer mentalement les notes mélodiques et comparer la note sous laquelle est placé l'accord avec les notes correspondantes de l'accord suivant ;

2° Eviter aussi les quintes et octaves successives qui pourraient exister entre la dernière note d'un groupe mélodique et les premières notes correspondantes de l'accord suivant. (Voir le dernier exemple donné plus loin. N° 8) ;

3° Nous avons conservé dans ces exemples le chiffrage des accords pour mieux préciser l'harmonisation des parties, mais il n'a plus guère d'utilité ici, car les chiffres ne peuvent pas renseigner sur les mouvements des parties quand on fait de l'harmonie divisée. Enfin, il est facile de se rendre compte, d'après ces exemples, que l'on peut placer deux accords de même chiffre à la suite l'un de l'autre (Ex. 2 et 7), pourvu que dans la disposition des parties on évite les suites de quinte et d'octave. Dans ces exemples, les accords de sixte sont souvent écrits à quatre parties ;

4° Il ne faut pas croire qu'il soit toujours mauvais d'employer les successions de quinte et d'octave. Elles sont défendues pour donner de l'unité et de l'élégance à l'harmonie. Leur emploi judicieux demande des précautions dont l'élève n'est pas apte, dans ses débuts, à discerner le choix ;

5° Nous ne traitons pas ici des règles concernant les quintes et octaves directes. Voir plus loin : *Eléments d'harmonie.*

EXEMPLES :

Défendu par mouvement direct.

Défendu par mouvement contraire et entre notes correspondantes

2° RÈGLE. — **On doit éviter les fausses relations chromatiques** qui consistent à faire entendre immédiatement Si ♯ à côté d'un accord ayant le Si naturel (♮).

3ᵉ RÈGLE. *Anticipation de l'accord.* — **On peut placer sur la note qui commence un groupe de notes l'accord d'une des notes suivantes.** Nous indiquons cette particularité par un petit trait placé en avant du chiffre qui désigne l'accord. L'accord est celui de la note sous laquelle se trouve le chiffre ; il est *anticipé.* L'accord peut continuer après le chiffre. Exemple :

4ᵉ RÈGLE. *Imitations et contrepoint.* — Il sera excellent d'orner l'accompagnement en faisant accomplir aux parties placées sous le chant une mélodie en *imitation, note mélodique, broderie, note de passage,* etc. Un *retard* à la finale est souvent heureux. (Voir le développement de ces ornements dans les traités spéciaux). Pratiquer un *léger contrepoint* à deux ou trois parties, se rapprochant des essais anciens, sera très louable.

REMARQUES. — Ces accompagnements sont de vraies compositions musicales et doivent être écrits en entier. Les notes mélodiques dans les parties intérieures ne doivent pas produire des fautes de quinte et d'octave. Pour les éviter, il suffira d'examiner la première et la dernière note d'un groupe mélodique et les comparer avec les notes correspondantes de l'accord suivant.

Extrait de la *Méthode d'harmonisation du plain-chant grégorien,* par A. Gastoué. Janin, éditeur, 3, chemin des Chassagnes, Oullins (Rhône).

NOTA. — Les quintes seules (à vide) sont disgracieuses dans le cours de l'harmonisation d'une mélodie, mais elles sont très heureusement placées aux finales. (Voir la fin de l'exemple précédent).

Nombre des parties. — On a pu remarquer, dans les exemples précédents, l'entrée des parties. « Une vieille habitude a subsisté dans l'harmonisation du chant liturgique, « de conserver presque toujours la masse compacte des quatre voix adoptées. On ne « voit pas très bien la raison d'être de ce procédé, sinon pour *le choral lent* employé du « XVIᵉ au XVIIᵉ siècle, où les quatre parties marchent d'un pas égal ou presque, dans « l'alignement régulier des vers. Mais il s'agit là d'une forme de chant qui, bien qu'issue « du chant grégorien, a pris un caractère tout particulier.

« Or, dans les mélodies liturgiques, s'il y en a qui approchent du choral, telles cer- « taines hymnes et proses, il y en a plus encore qui se rattachent à des genres de mélodie « très divers. Il est donc absolument inutile de conserver constamment le même nombre « de parties dans un morceau donné. Une phrase, par exemple, pourra être harmonisée « à quatre parties, une autre à trois, une autre à deux, une autre pas du tout. » (¹)

Ajoutons que les anciens pratiquaient un accompagnement rudimentaire dont il faut s'inspirer. C'était une sorte de contrepoint à deux parties qui suivait le chant et faisait entendre la quinte modale à la fin des phrases. (Voir les exemples suivants).

Extraits de l'*Hymne delphique à Apollon*

(Commencement du IIᵉ siècle avant Jésus-Christ)

Cet hymne, reconstitué par Gevaert, est cité par M. Maurice Emmanuel, dans son *Histoire de la Langue musicale*, page 139, tome 1ᵉʳ. Chez H. Laurens, éditeur, 6, rue de Tournon, Paris.

(1) Amédée Gastoué, *Méthode d'harmonisation du chant grégorien.* Janin, éditeur.

Extrait du *Tropaire* de saint Marcel, Limoges (xɪᵉ siècle)

Motel à trois parties du xɪɪɪᵉ siècle. (P. Aubry, *100 Motets du 13ᵉ siècle*, N° 59)

Ces deux pièces sont citées intégralement dans la *Méthode d'harmonisation du chant grégorien*, de A. Gastoué, pages 3, 4 et 5. Janin, éditeur.

Remarques.— A l'exécution, l'harmonie embryonnaire de ces différents textes sonne bien peu agréablement à nos oreilles modernes. Cependant, si on examine de près ces exemples, on verra qu'il leur manque seulement des sonorités plus complètes pour nous plaire. Voilà pourquoi, si nous restons dans les limites des échelles antiques, nous avons un peu le droit de construire sous les mélodies grégoriennes une harmonie légère, peu apparente, utilisant la quinte modale aux finales et se débarrassant souvent de la contrainte du quatuor lourd et pesant. Les exemples qui vont suivre donneront la manière dont il faut s'inspirer pour accompagner les mélodies médiévales sans les déflorer ni les déformer.

Exemple du Mode de Mi Dorien I, 3ᵉ ton liturgique. M. Emmanuel, *Traité de l'accompagnement modal*, page 193. Janin, éditeur.

Exemple du Mode de La Dorien II; 3ᵉ ton liturgique. Accompagnement du Docteur Wagner. Edité à la Procure Générale du Clergé, 1, rue de Maizières, Paris.

Hymne de Saint-Thomas d'Aquin. Mode d'Ut transposé en mode de Fa, 5ᵉ ton liturgique. Transcrit en Ré. (H. T.)

Kyrie IX Cum jubilo à la Sainte Vierge I⁰· Mode de Ré, 1ᵉʳ ton liturgique. *Méthode élémentaire du plaint-chant grégorien*, 4ᵉ édition. Chanoine Emile Brune, organiste à la cathédrale de Saint-Claude (Jura).

Extraits de la *Sèquence à la Sainte Vierge*. Mode de Fa, 6ᵉ ton liturgique. Transcrit un ton plus haut. (H. T.)

Harmonisation de Ch. Bordes, *Melodiæ Paschales.* Edition de la *Schola Cantorum,* Paris.

Communion de l'Assomption. Mode de Sol, 8º ton liturgique. Accompagnements d'orgue pour les chants du Congrès de 1905, par le chanoine F. Mathias. Frédérich Pustet, éditeur à Ratisbonne.

De ces divers exemples que nous venons de citer, il est facile de tirer cette conclusion que l'accompagnement des mélodies grégoriennes est chose délicate, difficile à pratiquer. « A la différence de la mélodie moderne, créée en fonctions de l'harmonie, le « chant ancien a été composé indépendamment de celle-ci, à une époque où la poly- « phonie n'existait pas ; et la musique se développa tout entière dans le sens de la mé- « lodie, avec une richesse que n'a pas égalée l'art européen, orienté vers la polyphonie.

« D'où, cette première conséquence, que le chant grégorien ne rentre pas dans les « classifications de la musique moderne et ne peut être harmonisé comme s'il en dépen- « dait. Pendant des siècles, le chant grégorien a été exécuté comme l'est encore le chant « d'église dans tout l'Orient, sans le secours d'aucun instrument. » R. P. Parisot, de Nancy. *De l'harmonisation du chant grégorien*, rapport lu au Congrès de Strasbourg, juillet 1922.

Aussi, est-il absolument nécessaire que l'accompagnement soit discret, effacé et construit selon les données de la gamme diatonique des anciens. C'est dans ce sens qu'é- crivait Alfred Bruneau en 1895 : « Je crois que les chants (grégoriens) que vous voulez « bien me communiquer, perdront de leur caractère lorsqu'on les accompagnera, et il « me semble qu'il vaudrait mieux les exécuter en leur libre primitivité d'expression.

« Si un accompagnement était indispensable pour guider les chanteurs, il devrait « être confié à l'orgue, de préférence à tout autre instrument, et il faudrait alors harmo- « niser ces mélodies *aussi simplement que possible.* »

N'est-ce pas l'idée directrice qui est continuellement appliquée au cours de cette Méthode : Obtenir un accompagnement *très simple et diatonique* ?

Le matériel harmonique dont nous nous sommes servi est celui qui a été préconisé par Niedermeyer et que recommandait C. Saint-Saëns en ces termes : « Puisqu'on veut « absolument accompagner ces chants (grégoriens) malgré eux et malgré le bon sens, il « faut bien chercher le moyen d'en venir à bout. Le système de Niedermeyer, mitigé, « c'est-à-dire en traitant une grande partie des notes en notes de passage, ne serait pas « mauvais, car il conserverait au chant son caractère. »

Il est enfin nécessaire d'étudier ces mélodies du Moyen-Age dans leur composition elle-même, car « les éléments de l'harmonisation doivent être fournis par la mélodie elle- « même » (Chanoine Mathias). C'est ce que nous apprendra l'étude approfondie de la modalité.

TROISIÈME PARTIE

ÉTUDE DE LA MODALITÉ

CHAPITRE PREMIER

Principes

Le point capital, essentiel, dans la musique ancienne, c'est *la Modalité*. « Si le *Mode*
« est solidement installé dans l'entendement de l'auditeur, on peut, sans scrupule,
« pourvu que ce soit avec goût, lui donner un revêtement harmonique assez libre. Tous
« ces accompagnements doivent être infiniment discrets et émis en grande douceur. »
(M. Emmanuel, *Accompagnement modal*, préface, page 10. Janin, éditeur).

La musique du Moyen-Age est la prolongation de la musique ancienne ; les mélodies
grégoriennes ont été composées sur les échelles léguées par les Grecs. Les travaux de
Gevaert, de Wesphal, de M. Emmanuel, de A. Gastoué, de Wagner, restent inatta-
quables sur ce point. Si le chanteur n'a pas besoin de connaître ces particularités, tout
au contraire, le musicien qui aborde l'étude de l'édition vaticane et veut tenter une harmonie rationnelle des mélodies grégoriennes, doit forcément être renseigné sur les classifications des différentes pièces et en faire l'étude d'après les échelles antiques. « Il faut
« connaître l'harmonie primitive à laquelle chaque pièce se rattache, *cette harmonie* étant
« une *succession mélodique* coordonnée, appuyée sur une *Fondamentale*. Seule elle nous
« fournira les éléments de *l'harmonie simultanée* applicable, par tolérance, au plain-chant
« grégorien. » (M. Emmanuel, *Accompagnement modal*).

Les échelles antiques. — L'échelle principale des Grecs s'appelle Doristi ou
Mode Dorien. Elle a deux fondamentales entre lesquelles oscillent les mélodies Mi et La.

Mode de Mi

La quinte modale est Mi-Si.
La fondamentale Mi est la même que la finale.

Mode de La

La fondamentale La est ici différente de la finale Mi.

Le chant liturgique a utilisé l'échelle de Mi dans les pièces numérotées 3e ton.

Au Moyen-Age l'échelle de *La* antique fut transposée en *Ré*, c'est-à-dire placée une quinte plus bas, avec le Si ♮ obligatoire.

Mode de Ré (La transposé)

La quinte modale est Ré-La.

Dans la transposition, la fondamentale s'est confondue avec la finale Ré.

Le chant liturgique a utilisé l'échelle de Ré dans les pièces numérotées 1er ton liturgique.

Deux autres échelles s'ajoutèrent (ıve siècle avant Jésus-Christ) aux échelles de Mi et de La (ou Ré). Ce furent celle de Fa, appelée Lydienne et celle de Sol, appelée Phrygienne. Par analogie, ces échelles se façonnèrent sur les cadres de l'échelle primitive Dorienne de Mi. Ces échelles nouvelles et d'origine exotique furent appelées *barbares* par les Grecs. Remarquons ici qu'elles ont la tierce majeure incluse dans leur quinte modale, ce qui les fait ressembler à notre mode majeur moderne. Au contraire, les échelles doriennes de Mi et de La (devenu Ré) ont la tierce mineure incluse dans leur quinte modale, ce qui les fait ressembler à notre mode mineur moderne.

Mode de Fa normal

La quinte modale est Fa-Do.

Le chant liturgique a utilisé l'échelle de Fa normal dans les pièces numérotées 5e ton liturgique.

Mode de Sol normal

La quinte modale est Sol-Ré.

Le chant liturgique a utilisé l'échelle de Sol normal dans les pièces numérotées 7e ton liturgique.

En plus de ces quatre échelles normales (Mi, La devenu Ré, Fa, Sol), les deux échelles de Fa et de Sol pouvaient à l'occasion subir une transformation. Elles pouvaient recevoir un parcours mélodique allant plus bas vers le grave, tout en conservant la même finale. Ce sont les échelles nommées relâchées par les anciens : Platon, Aristote, Aristoxène, Plutarque.

Mode de Fa relâché

La quinte modale est Fa-Do.

Le chant liturgique a utilisé l'échelle de Fa relâché dans les pièces numérotées 6e ton liturgique.

Mode de Sol relâché

La quinte modale est Sol-Ré.

Le chant liturgique a utilisé l'échelle de Sol relâché dans les pièces numérotées 8e ton liturgique.

Enfin, une autre modification fut appliquée à ces deux mêmes modes de Fa et de Sol : Ils conservaient la même fondamentale, mais se terminaient sur une finale située à la tierce supérieure. Ces échelles furent appelées *intenses* par les anciens.

Mode de Fa intense

La fondamentale est différente de la finale.

Le chant liturgique a utilisé l'échelle de Fa intense dans une partie des pièces numérotées 2e ton liturgique. Ce sont celles qui sont écrites dans l'édition vaticane en clef de Do 3e ligne.

Mode de Sol intense

La quinte modale est Sol-Ré.

Ici encore la fondamentale diffère de la finale. Le chant liturgique a utilisé l'échelle de Sol intense dans les pièces numérotées 4e ton liturgique.

Remarque importante. — Toutes ces échelles antiques ont une pente mélodique descendante et sont orientées de l'aigu vers le grave.

Tétracorde des conjointes. — Il est une particularité dont nous parlent les anciens traités et qui fut souvent utilisée au Moyen-Age : c'est l'usage du Si ♭. Les musiciens avaient toujours à leur disposition une modulation qui se trouvait à la quarte supérieure du tétracorde La, Sol, Fa, Mi ; ce qui faisait : Ré, Do, Si ♭, La.

Dans le cours d'une mélodie, le compositeur pouvait toujours se servir, pour obtenir des variantes, du tétracorde Ré, Do, Si♭, La, appelé tétracorde des conjointes. Pour nous, en langage musical actuel, cela s'appellerait une modulation à la sous-dominante. Pour les anciens et les médiévaux, c'était une fonction organique de leurs échelles restant en permanence à la disposition du musicien.

Echelles médiévales. — Aux échelles antiques, il est nécessaire d'ajouter deux échelles qui prirent naissance au Moyen-Age et qui firent en quelque sorte la transition entre la musique ancienne et la musique moderne. Ce sont : le Mode de Ré médiéval et le Mode d'Ut médiéval.

Mode de Ré médiéval

La quinte modale est Ré-La.

Ce mode est caractérisé par l'absence du Si♭ et par son indifférence à monter à l'aigu ou à descendre au grave. Exemples : *Gloria Laus* du jour des Rameaux et *Crux fidelis* du Vendredi-Saint. Ces pièces numérotées 1er ton appartiennent à cette échelle de Ré médiéval.

Mode d'Ut médiéval

Ce mode est caractérisé par sa pente ascendante, il a une tendance vers l'aigu. C'est déjà la gamme de Do, la tonalité moderne qui apparaît. La liturgie a utilisé ce mode d'Ut dans quelques pièces portant différents numéros. Ainsi l'*Alleluia* de la messe *Salus autem* (commun de plusieurs martyrs) est étiqueté 5e ton liturgique. Cependant la mélodie est bien en Do. Il est facile de s'en rendre compte :

La communion de la Férie II après Pâques (lundi de Pâques) est étiquetée 7e ton. L'*Alleluia* de la même Férie est étiqueté 8e ton, et cependant l'un et l'autre sont bien en Ut médiéval. Les pièces écrites dans ces deux modes médiévaux (Ré et Ut) ne sont pas nombreuses, mais elles sont très intéressantes au point de vue de la transition qui s'effectuait à cette époque entre la musique antique et la musique moderne, et elles sont toutes d'une facture très artistique. Exemples : *Ave, maris stella, Dies iræ* (Ré médiéval), *O Sacrum convivium*, office du Saint Sacrement (Ut médiéval).

De cette étude des échelles qui ont servi de cadre à la composition des mélodies grégoriennes, il découle naturellement que la classification des Huit Tons, telle qu'elle est donnée dans la plupart des méthodes d'accompagnement, est inexacte. Cette classification n'est utile que pour le chanteur qui reconnaît plus facilement par les numéros les différentes pièces à exécuter. Ce numérotage des « tons traditionnels », imposé par des habitudes vénérables, a été respecté par « les restaurateurs du chant liturgique », mais il est défectueux pour le musicien qui veut s'inspirer des fondamentales pour ordonner son accompagnement.

Les chiffres placés au début de chaque pièce dans l'édition vaticane ont pour mission de rappeler les huit tons de la psalmodie, lesquels sont des formules mélodiques caractérisées par l'intonation et la teneur. (Les chantres les connaissent par cœur).

Toutes les pièces liturgiques (*Graduel, Alleluia, Offertoire, Communion, Kyrie, Gloria*, etc.) ayant une origine psalmique — comme l'*Introït* — on a conservé le numéro du psaume qui les accompagnait, même après qu'il eut disparu. Donc, ces chiffres n'indiquent pas l'échelle modale ou gamme ancienne dans laquelle le morceau a été écrit, mais seulement le ton du psaume supprimé ou encore existant, comme à l'Introït. Pour trouver l'échelle modale, il faudra analyser chaque pièce ; nous en donnons plus loin des exemples. Auparavant, voici le *tableau* indiquant dans les *huit tons* ecclésiastiques les échelles dont se sont servis les musiciens médiévaux.

Les mélodies du 1er ton liturgique sont écrites en *Mode de Ré antique* (et en Mode de Ré médiéval pour quelques pièces seulement).

Les mélodies du 2e ton liturgique sont écrites en *Mode de Fa intense* et en *Mode de Ré antique.*

Les mélodies du 3e ton liturgique sont écrites en *Mode de Mi.* (Quelques rares pièces sont écrites en Mode de La non transposé).

Les mélodies du 4e ton liturgique sont écrites en *Mode de Sol intense.*

Les mélodies du 5e ton liturgique sont écrites en *Mode de Fa normal* (et en Mode d'Ut médiéval pour quelques pièces seulement).

Les mélodies du 6e ton liturgique sont écrites en *Mode de Fa relâché.*

Les mélodies du 7e ton liturgique sont écrites en *Mode de Sol normal.*

Les mélodies du 8e ton liturgique sont écrites en *Mode de Sol relâché.*

Analyse des mélodies. — Pour analyser une mélodie du plain-chant il faut considérer :

1° L'*échelle* mélodique des sons employés, c'est-à-dire le son le plus aigu jusqu'au plus grave ;

2° Les *sons itératifs*, c'est-à-dire les sons qui reviennent le plus souvent dans la mélodie ;

3° Les *repos*, c'est-à-dire la note finale de chacun des repos aux quarts de barre, demi-barres, grandes barres et barres doubles ;

4° La *finale*, c'est-à-dire la dernière note du morceau.

5° La *quinte modale*. Elle se dessine et se révèle dans les données précédentes ;

6° L'*harmonie essentielle* ou accords qui ressortent du dessin mélodique quand on en supprime les ornements. Cette harmonie contient *toujours l'accord* construit sur la *Fondamentale*, puis les accords construits sur les notes principales de la quinte modale, des sons itératifs et des repos.

7° Le *rôle du Si ♭* quand cette note existe dans la mélodie.

Ce travail d'analyse doit être fait pour chacune des pièces que l'on veut accompagner. Il est facile de l'écrire sur une simple portée musicale. Exemple :

Soit à analyser la pièce suivante :

Pour placer correctement ce chiffrage, il faut avoir fait l'analyse suivante :

Analyse de l'Asperges me

Ainsi l'échelle des sons va du Sol aigu au Sol grave. La note répétée le plus fréquemment est Do. Les repos se font sur Ré et Sol. La quinte modale sera facile à reconnaître d'après ces prémices : l'étendue des sons (Sol-Sol), les sons itératifs et les notes des repos rassemblés donnent Sol-Do-Ré ; c'est bien là l'échelle de Sol normal numérotée 7e ton (voir le tableau page 32) et nous pouvons conclure à la quinte modale Sol-Ré ayant Sol comme fondamentale finale. Voilà comment l'analyse d'une mélodie impose les assises de la quinte modale.

L'harmonie essentielle est d'abord constituée par l'accord de la fondamentale. Puis vient ensuite l'accord de Do qui est la note itérative. L'accord sur Ré est essentiel aussi parce qu'il est un repos fréquent et qu'il est placé à l'extrémité de la quinte. Les autres notes de la quinte modale La et Si sont moins importantes et ne font point partie de l'harmonie essentielle. D'ailleurs l'accord sur Si serait un accord de quinte diminuée (Si-Ré-Fa) qui serait trop dur pour nos oreilles.

L'harmonie qui conviendra le mieux à cette mélodie de l'*Asperges me* sera donc basée sur les accords suivants : Sol-Ré-Do. Ces accords seront utilisés le plus souvent et de préférence à d'autres. L'accord de fondamentale devra terminer la mélodie.

L'élève doit se rendre compte comment nous nous sommes servi de préférence dans l'accompagnement chiffré de l'*Asperges me* des accords de ce tableau. Le Si ♮ n'existant pas dans cette pièce, il est inutile d'en parler ici.

CHAPITRE II

Mode de Mi (Dorien Mi et La)

Chez les Anciens, le mode de *Mi* est l'ancêtre de tous les autres modes, « l'échelle primordiale du régime musical antique », échelle descendante et mineure excellement.

Ce mode doit donc être étudié en premier lieu.

Les mélodies grégoriennes écrites en mode de Mi sont numérotées 3e ton. Le nombre de ces pièces n'est pas, dans le répertoire liturgique, aussi grand que celui des modes de Ré, Fa et Sol. En revanche, ces pièces se présentent « sous la forme de mélodies belles entre toutes ». Exemples : Le Graduel de la *Septuagésime*, le *Pange lingua*, etc.

Le mode de Mi a deux fondamentales : Mi et La, entre lesquelles les mélodies oscillent souvent. Mais ce mode est plus souvent Mi Dorien que La Dorien.

Mode de Mi, 3e ton liturgique. Quinte modale Mi-Si. Finale et fondamentale : Mi

Exemple : Analyse de l'*Alleluia* du 4e Dimanche de l'Avent

L'échelle des sons employés de Ré à Ré, le son itératif Sol, les repos Si-Sol-Mi indiquent avec netteté le mode Dorien Mi et la quinte modale Mi-Si. L'harmonie essentielle aura les accords de *Mi*, fondamentale. *Sol*, médiante de la quinte modale et son itératif. *La*, quatrième note de la quinte modale. Nous n'avons pas accepté l'accord de Si, parce que cette note chez les Anciens avait un rôle délicat et spécial, mais surtout parce que dans notre harmonie moderne cet accord est celui de Si, Ré, Fa, appelé Triton, qu'il est difficile d'utiliser, à cause de sa dureté, dans un accompagnement qui doit être principalement doux et discret.

Voici un essai d'accompagnement pour orgue. Mieux vaudrait ne pas accompagner cet *Alleluia*, se contenter de soutenir les voix à l'unisson et placer la quinte modale à la fin. La facture de cette antique mélodie, élégante et pure, répugne à toute harmonie moderne qui empâte et alourdit ses gracieux contours. Cependant, si l'organiste se trouve dans la nécessité d'accompagner, il devra s'inspirer comme nous de l'analyse précédente.

Alleluia *du 4e Dimanche de l'Avent, mode de Mi*
Essai d'harmonisation

Exercices écrits. — Transcrire et analyser le Graduel de la Septuagésime ;
L'hymne *Pange lingua.*

*Essai d'harmonisation des deux dernières phrases mélodiques du Graduel dans l'octave de
Noël.* Cette mélopée est écrite plus particulièrement en mode de La Dorien, 3ᵉ ton
liturgique.

Dans beaucoup de mélodies du 3ᵉ ton liturgique, la coexistence des deux fondamentales Mi et La se constate. Elle procure une incertitude qui ne va pas sans donner une
certaine jouissance artistique. Dans ces pièces, chaque phrase musicale devra se traiter
suivant que l'analyse révélera l'une ou l'autre fondamentale.

Chinoiseries et subtilités que tout cela, dira-t-on. Ces détails ne doivent pas être
considérés comme des minuties, car ils constituent les nuances mêmes qui font le
charme des mélodies grégoriennes. Mais alors, n'est-ce pas une besogne bien compliquée
pour le maître de chapelle et pour l'accompagnateur ? C'est vrai. Et l'on peut avouer
qu'elle sera d'autant moins simple que l'on connaîtra mieux les beautés du chant liturgique. « A cette activité nécessaire, il n'y a nul remède, hormis l'amour de l'art et le
« dévouement à une belle cause. Ces vieilles et délicates mélodies sont très raffinées.
« Leur secret, elles ne le livrent pas à la routine ni à l'ignorance. Chacune d'elles exige,
« pour être comprise et interprétée, un effort d'intelligence et l'exercice d'un goût averti.
« Il faut entrer dans l'esprit du vieux temps et interpréter les désirs des créateurs de ces
« chants, dernière émanation de l'art hellénique. Puisque l'Eglise y tient — et c'est son
« droit, et c'est son devoir — elle doit exiger de ceux à qui elle confie le soin de l'exé-
« cution vocale, qu'ils n'infligent pas à ces œuvres vraiment belles le travestissement
« d'un habillage à la moderne. » (M. Emmanuel).

Exercices écrits. — Transcrire et analyser le Graduel de la Quinquagésime ainsi que le Graduel du 3e Dimanche de Carême.

CHAPITRE III

Mode de Ré (Hypodorien = Eolien)

Ré normal (*1er ton liturgique*). — Ce mode est celui de La Dorien transposé une quinte plus bas avec Si ♭ obligatoire.

La quinte modale est Ré-La. Fondamentale-finale : Ré.

Dans le répertoire, il y a de nombreuses pièces écrites en Ré normal et la plupart sont fort belles. La quinte modale est ici facile à trouver, car elle est prépondérante et n'admet pas de voisinage comme La dans le mode de Mi.

Exemple : Analyse de l'*Alleluia* du 2e Dimanche de l'Avent

Exercice écrit. — Transcrire et analyser l'Introït *Rorate* du 4e Dimanche de l'Avent.

Un très rare exemple du mode de La non transposé en Ré se trouve à la Communion du 3e Dimanche de Carême. C'est une cantilène très curieuse, pittoresque, où le chant de la tourterelle est très musicalement imité. Sa quinte modale est La-Mi.

Analyse de *Passer* (Communion du 3e Dimanche de Carême)

Nous ne voudrions pas déparer cette gracieuse mélopée en lui ajustant un accompagnement.

Particularités spéciales au mode de Ré

1o *Ré Médiéval*. — 1er ton liturgique comme Ré normal. Quinte modale : Ré-La. Finale-fondamentale : Ré.

Sous le numérotage 1er ton, il existe des mélodies qui excluent le Si ♮ et par conséquent ne sont pas écrites en mode de La transposé. Ce mode est celui qui fait la transition entre la musique ancienne et la musique moderne.

Exemple : Analyse de l'*Ave, maris stella*, Hymne de la Sainte Vierge.

Exercices. — Transcrire et analyser : *Crux fidelis* du Vendredi-Saint, *Alleluia* du Dimanche dans l'octave de l'Ascension, *Alleluia* du 2e Dimanche après la Pentecôte.

2º *Ré relâché.* — Cette échelle est utilisée dans une bonne moitié des pièces numérotées 2ᵉ ton liturgique. Ces pièces sont celles qui, dans l'édition vaticane, sont écrites en clef de *Fa,* 3ᵉ ligne.

REMARQUE. — Nous rappelons que *relâché* veut dire *abaissé vers le grave.*

Voici son échelle modale :

Cette forme, introduite assez tardivement dans la liturgie, est calquée sur les formes anciennes de Fa et de Sol relâché. Les pièces écrites dans cette échelle sont marquées 2ᵉ *ton* et écrites en *clef de Fa 3ᵉ ligne.* Tous les *Traits* marqués 2ᵉ ton sont écrits en Ré relâché. *Exemple :* Offertoire du 1ᵉʳ Dimanche de l'Avent.

Analyse. — La pente vers le grave est très accentuée ici. Les repos descendent jusqu'au *La* grave, pour remonter ensuite à *Ré,* fondamentale.

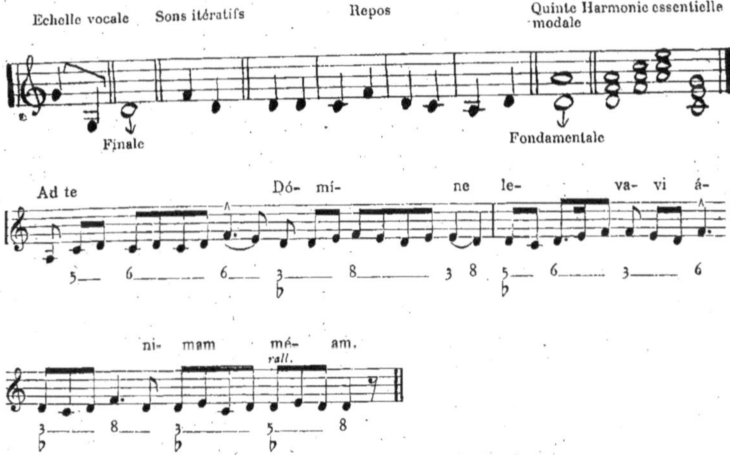

La quinte modale de ces chants étant la même que celle de Ré médiéval et de Ré normal (Ré-La), on les harmonise comme ci-dessus. Ecrits dans un ambitus vocal trop grave, ils sont, en général, transposés plus haut pour leur exécution. (Voir plus loin *La Transposition).*

CHAPITRE IV

Mode de Fa (Hypolydien)

Fa normal *5e ton liturgique.* — Quinte modale : Fa-Do. Fondamentale et finale : Fa.
Les mélodies écrites en ce mode de Fa ont de grandes similitudes avec celles écrites
en notre gamme actuelle de Fa majeur (tonalité moderne).

Exemple : Analyse du Graduel du 2e Dimanche de l'Avent.

Essai d'harmonisation. Fin du Graduel

Exercices. — Transcrire et analyser : Introït de la Septuagésime — *Communion* du
2e Dimanche après l'Epiphanie. Cette dernière mélodie, quoique numérotée 6e ton,
appartient réellement à l'échelle de Fa normal.

Particularités spéciales au mode de Fa

1° *Fa relâché.* — 6e ton liturgique. Quinte modale : Fa-Do. Fondamentale et
finale : Fa.

A remarquer que sa quinte modale est la même que Fa normal. Les mélodies sont
écrites dans le grave comme toutes celles construites sur des échelles relâchées.

Exemple : Analyse de l'Introït de la Quinquagésime.

A remarquer l'absence du Si dans l'antienne, tandis qu'il existe avec bémol dans le psaume. C'est là une tendance vers la tonalité moderne.

Essai d'harmonisation

Exercices. — Transcrire et analyser : Graduel du 4e Dimanche de l'Avent, Graduel *Anima nostra* du commun de plusieurs martyrs. Ces deux magnifiques Graduels sont numérotés 5e ton, mais c'est leur verset qui est en échelle de Fa normal, tandis que l'antienne est en échelle de Fa relâché. *(6e ton liturgique).*

2° *Fa intense.* — Cette échelle est utilisée dans la plus petite partie des pièces numérotées 2e ton liturgique. Ces mélodies sont celles qui, dans l'édition vaticane, sont écrites en clef de Do, 3e ligne.

REMARQUE. — Nous rappelons que *intense* veut dire élevé vers l'aigu.

Quinte modale : Fa-Do. Fondamentale : Fa. Finale : La.

Comme toutes les échelles intenses, ce mode présente des particularités qu'il est nécessaire de signaler. Il est noté à deux hauteurs différentes, ce qui est une source de difficultés pour reconnaître la quinte modale.

Pour ne point compliquer et mettre un peu de clarté dans ces explications, admettons que toutes les mélodies du 2e ton liturgique écrites en *clef de Fa 3e ligne* relèvent de l'échelle de *Ré relâché* dont il a été question page 41.

Ici nous admettrons seulement comme faisant partie de l'échelle de *Fa intense* les mélodies du 2e ton (édition vaticane) écrites en *clef de Do 3e ligne.*

Exemple : Analyse du *Requiem*, Graduel de la Messe des morts.

(Voir plus loin la transposition de cette pièce qui est écrite un peu trop haut pour les voix ordinaires).

NOTA TRÈS IMPORTANT. — L'accord placé sur la finale *La* devra avoir *Fa* comme basse, c'est-à-dire que sur la finale il faut placer la quinte modale. Ce qui revient à dire qu'il faut mettre à la finale l'accord de *La 3*, ou mieux encore Fa-Do seulement = quinte modale.

Exercice. — Analyser le Graduel de la Messe de minuit.

3° *Mode d'Ut.* — Ce mode *transposé* une quinte plus bas devient *Fa*. Il est numéroté 5e et parfois 6e ton liturgique. Nous le rattachons au mode de Fa. Quinte modale : Fa-Do. Finale : Fa. Tous les *Si* sont bémolisés.

Exemple : Analyse de la Communion du 19e Dimanche après la Pentecôte.

Exercices. — Analyser *O Sacrum convivium* (Antienne à *Magnificat* du Saint Sacrement), Graduel du 6e Dimanche après la Pentecôte, *Homo quidam, Christus factus est.*

La Communion du Lundi de Pâques est numérotée 6e ton, cependant elle est écrite en mode de Fa, transposition d'Ut. Ces mélodies se traitent comme celles écrites en Fa normal : *Adoro te, O quam suavis est* (Antienne des premières Vêpres du Saint Sacrement), *Vincenti dabo* (5e Antienne des premières Vêpres du Saint Sacrement), *Ave verum,* etc. Toutes ces pièces sentent le moderne, la tonalité d'Ut. La plupart ont été composées assez tard au XVIe siècle.

CHAPITRE V

Mode de Sol (Hypophrygien = Iostien)

C'est l'échelle la plus employée dans le répertoire. « Elle est la survivance d'un des « modes secondaires (barbares) des musiciens grecs, et de concert avec l'échelle de Fa, « elle achemine la Modalité médiévale vers le Majeur moderne. » M. Emmanuel.

1° *Sol normal.* — 7e ton liturgique. Quinte modale : Sol-Ré. Fondamentale et finale : Sol.

Exemple : Analyse de l'*Alleluia* de la Vigile de Noël.

Cet *Alleluia* est remarquable par l'échelle des sons employés qui est réduite à l'étendue de la quinte modale.

Essai d'harmonisation

Cet *Alleluia* est marqué 8ᵉ ton, mais il n'est pas plus du huitième que du septième ; il est surtout un type parfait des mélodies construites sur l'échelle de Sol normal. Un excellent exemple aussi est l'*Alleluia* du jour de Pâques, 7e ton. En voici l'analyse :

Dans ce mode, les cantilènes prennent un essor souvent très ample, comme dans l'*Alleluia* de la Circoncision.

Exercices. — Analyser l'Introït du 3e Dimanche après l'Epiphanie et l'Introït *In virtute* de la Messe de plusieurs martyrs non pontifes. Ces mélodies étant écrites dans un diapason très élevé, sont en général transposées plus bas pour leur exécution. (Voir Transposition). Il est facile de reconnaître dans de nombreuses phrases écrites en 7e ton des tendances vers le mode d'Ut. On doit en tenir compte dans l'accompagnement, mais il faut toujours maintenir la quinte modale sur les finales.

Particularités spéciales au mode de Sol

1° *Sol relâché.* — 8e ton liturgique. Quinte modale : Sol-Ré. Fondamentale et finale : Sol.

Exemple : Analyse de la Communion de Saint-Etienne.

Exercices. — Analyser l'Introït *Spiritus Domini* de la Pentecôte, Trait *Absolve* de la Messe des morts, Hymne *Veni Creator*.

2° *Sol intense.* — 4e ton liturgique. — Comme celle de Fa intense, cette échelle a produit des mélodies très élevées vers l'aigu. Mais au lieu de les laisser à l'aigu, les Scriptores du Moyen-Age les ont transposées à une quinte au-dessous.

Au lieu de l'échelle de Sol, on a l'échelle de Do avec Si ♭.

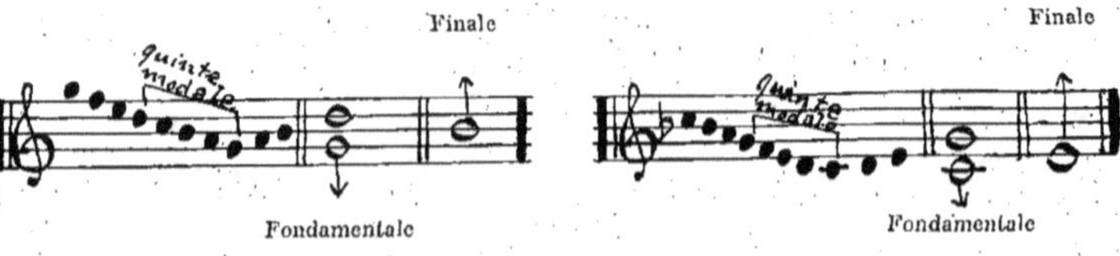

Donc, ici la quinte modale devient Do-Sol.

Nota. — Il est resté dans les livres liturgiques de l'édition vaticane un exemple tout à fait typique de *Sol intense* non transposé : C'est la Messe du Temps pascal. Les *Gloria*, *Sanctus* et *Agnus* sont encore écrits dans l'échelle de Sol et il est facile de se rendre compte, surtout au *Gloria in excelsis*, du jeu des différentes finales : Sol, La et Si, qui se partagent les diverses phrases de cette admirable pièce. Observer que la dernière phrase : *In gloria Dei Patris*, se termine sur le *Sol*, tandis que l'*Amen* se relève, pour se terminer sur le *Si*.

Dans la transposition, la fondamentale devient *Do* et la finale devient *Mi*. Comme pour le mode de Fa intense, ici l'accord de la finale aura pour basse la fondamentale. Accord chiffré *Mi 3*, ou mieux encore, les notes Do Sol seulement = quinte modale.

Exemple : Analyse de l'*Alleluia* du 3ᵉ Dimanche de l'Avent.

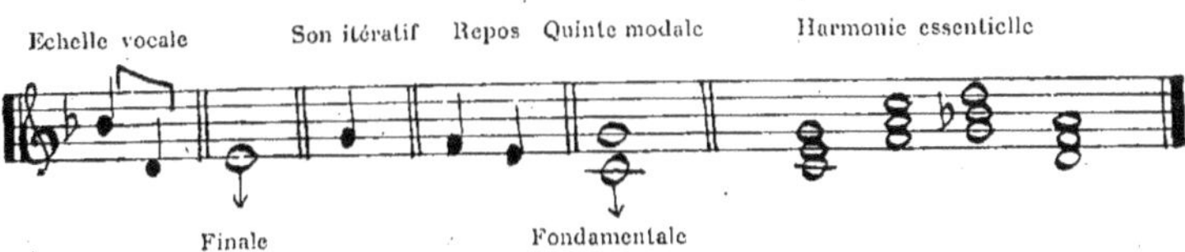

A remarquer dans cet *Alleluia* que la mélodie ne touche même pas la fondamentale Do dans le grave. Les échelles intenses restent ainsi dans les cordes élevées. Le Si ♭ est obligatoire à cause de la transposition.

Essai d'harmonisation

Ici, puisque nous sommes en mode de Do par la transposition du mode de Sol à une quinte plus bas, quand la finale est Sol nous y plaçons l'accord *Sol 5*, c'est-à-dire l'accord de la fondamentale qui est Do, ou, en d'autres termes, nous y plaçons la quinte modale Do-Sol.

Exercices. — *Resurrexi*, Introït de Pâques (dont quelques passages sont écrits en Ré). Le vénérable *Credo I*, dont la mélodie est si belle et si grave. Il est du XIᵉ siècle ; c'est le plus ancien de nos chants du Credo. *Alleluia*, *Oportebat* (3ᵉ Dim. après Pâques).

Schéma général des Quintes modales

1ᵉʳ TON. — Quinte modale : Ré-La. Finale et fondamentale : Ré.

2ᵉ TON. — *Clef de Fa 3ᵉ ligne* Quinte modale : Ré-La. Finale et fondamentale : Ré.
Clef de Do 3ᵉ ligne Quinte modale : Fa-Do. Finale : La. Fondamentale : Fa.

3ᵉ TON — Quinte modale . Mi-Si. Finale et fondamentale : Mi.

4ᵉ TON. — Quinte modale : Do-Sol. Finale : Mi. Fondamentale : Do.

5ᵉ TON. — Quinte modale : Fa-Do. Finale et fondamentale : Fa.

6ᵉ TON. — Quinte modale : Fa-Do. Finale et fondamentale : Fa.

7ᵉ TON. — Quinte modale : Sol-Ré. Finale et fondamentale : Sol.

8ᵉ TON. — Quinte modale : Sol-Ré. Finale et fondamentale : Sol.

Remarques importantes. — Il pourrait subsister dans l'esprit du lecteur une certaine confusion à propos de plusieurs termes que l'on emploie avec des significations différentes, suivant que l'on se place au point de vue *musique* ou au point de vue *plain-chant.* Ce sont les mots : Ton, Tonalité et Mode. C'est pourquoi nous croyons utile de donner ici quelques précisions.

I. En Musique. — Un intervalle de un *ton* est une seconde majeure ; un intervalle de un demi-ton est une seconde mineure. (Voir le tableau des intervalles). C'est dans ce sens que nous écrivons : « élever ou abaisser d'un ton, d'un demi-ton ».

Le mot *tonalité* exprime l'ensemble des faits musicaux qui sont utilisés dans une gamme déterminée. Aussi les mots gamme et tonalité sont-ils souvent synonymes. C'est dans ce sens que nous écrivons : « Tonalité de Ré = 2 dièzes à la clef ». Cela équivaut à dire : « Gamme de Ré ».

Le *Mode* en musique désigne la manière dont les tons et demi-tons se trouvent placés dans une gamme. C'est ainsi que l'on dit : « Gamme majeure = écrite en mode majeur. Gamme mineure = écrite en mode mineur ». En musique, on n'admet que deux modes : le mode *majeur* et le mode *mineur*. Mais il est bon d'observer que le mode mineur, dans la musique classique, n'est que le très humble serviteur du mode majeur ou mode d'Ut qui, depuis le xvıᵉ siècle, a soumis tous les faits musicaux à sa toute puissante domination. De nos jours, les compositeurs ont une tendance à abandonner la tyrannie du mode d'Ut et à revenir aux modes anciens.

II. En Plain-Chant. — Le mot *ton* signifie les huit numéros dont on s'est servi pour cataloguer les différentes pièces des recueils édités pour le service liturgique. C'est en ce sens que l'on écrit : « Les huit tons des Psaumes, les tons du *Benedicamus,* de l'Introït, etc. ». Pour mieux distinguer cette signification bien précise, nous avons pris soin d'écrire : « *Ton liturgique* » afin d'éviter toute confusion avec le mot *ton* dans son sens musical moderne.

Le mot *tonalité* n'a pas en plain-chant de signification spéciale ; il est pris dans le même sens que dans la musique moderne. C'est pourquoi on peut écrire : « Tonalité antique, tonalité moderne ».

Les *Modes* en plain-chant sont les échelles ou gammes antiques d'après lesquelles ont été composées les mélodies médiévales. Ce terme « Mode » a donc ici un sens très différent de celui qui est reçu en musique moderne. Dans la troisième partie de cette Méthode, nous traitons cette question des modes anciens. Ceux que l'on a utilisés dans le plain-chant grégorien sont au nombre de quatre.

1º Mode de Ré (Transposition de La Dorien = éolien).

2º Mode de Mi (Dorien).

3º Mode de Fa (Hypolydien).

4º Mode de Sol (Hypophrygien).

Le mode de Do du 4ᵉ ton liturgique n'est que le mode de Sol transposé une quinte plus bas.

QUATRIÈME PARTIE

TRANSPOSITION

CHAPITRE PREMIER

Notions préliminaires

« Une des parties les plus difficiles de l'art de l'accompagnement est sans contredit
« *la transposition des Modes*. L'organiste devra s'y exercer avec soin dès l'instant qu'il
« aura acquis l'habitude de l'harmonie qui convient à chacun des modes en particulier ».
(L. Niedermeyer).

Tous les modes, en effet, ne peuvent se chanter tels qu'ils sont notés. Les mélodies
grégoriennes ont été écrites dans des échelles dont les unes sont dans l'ambitus vocal du
soprano ou du ténor, d'autres dans l'ambitus vocal de la basse ou de l'alto ; un certain
nombre seulement utilisent des échelles adaptées aux voix ordinaires (baryton et mezzo-
soprano). Nombreuses sont par là même les mélodies qui se trouvent ou trop graves ou
trop élevées pour les interprètes ordinaires, c'est-à-dire pour l'ambitus vocal du mezzo-
soprano et du baryton. Il est donc nécessaire très souvent de ramener les chants à un
ambitus moyen, de les *transposer*. Transposer, c'est abaisser ou élever l'échelle des sons
d'une mélodie et de son accompagnement.

Il y a deux sortes de transposition :

1° *La transposition mécanique* qui consiste à manœuvrer le clavier d'un harmonium
transpositeur. Actuellement, tout harmonium en est pourvu et il est facile de s'en servir.

2° *La transposition à vue* qui consiste à jouer une mélodie dans une autre tonalité
que celle dans laquelle elle est notée. Tout organiste sérieux doit pouvoir pratiquer la
transposition à vue. Cela devient absolument nécessaire sur le clavier de l'orgue et du
piano, puisque ces sortes d'instruments ne sont jamais transpositeurs. Même avec un
clavier transpositeur, si l'organiste veut éviter les retards nécessités par le transfert du
clavier, s'il veut éviter de faire languir les chantres et les auditeurs, surtout *pendant les
offices des Vêpres, des Matines, des Laudes et pendant les Saluts du Très Saint Sacrement, il devra connaître la transposition à vue.*

Plusieurs éditeurs de l'édition vaticane ont, il est vrai, publié la traduction musicale,
transposée dans une échelle moyenne, des mélodies grégoriennes : c'est un travail utile,
mais qui ne peut remplacer l'art de la transposition à vue. Si l'organiste doit accompa-

4

gner des ténors ou des soprani, il placera les mélodies dans une échelle plus élevée que d'ordinaire. S'il doit accompagner des basses ou des alti exclusivement, il placera les mélodies dans un ambitus vocal beaucoup plus bas. Dans tous les cas, la transposition à vue devient *nécessaire*.

MOYENS DE TRANSPOSER. — On a cherché plusieurs moyens plus ou moins pratiques de venir en aide aux commençants. Nous pensons, avec tous les auteurs sérieux, que *l'habitude* et *la pratique* peuvent seules procurer le talent de la transposition à vue. « L'œil s'accoutume à voir les intervalles et à les baisser ou les monter selon qu'on le « désire, en suivant le dessin de la mélodie. » (E. Brune).

Afin de diriger les études des jeunes organistes, nous consacrons une partie spéciale dans cette Méthode à l'étude des différentes transpositions.

RÈGLE GÉNÉRALE. — « Le chant en chœur ne doit pas monter plus haut que *Mi*, ni « descendre plus bas que *Si* ♭. » (E. Brune, *Méthode élémentaire d'accompagnement*).

Cette règle n'est pas absolue: ainsi le Mi peut être dépassé par le Fa à l'aigu et le Si ♭ peut être dépassé par le La au grave dans certaines mélodies dont l'ambitus vocal est très étendu. Il est seulement nécessaire de s'inspirer de cette règle générale pour placer le chant le plus possible dans le médium des voix dont on dispose.

En conséquence, les tonalités les plus pratiquées sont celles de *Do*, de *La*, de *Si* ♭ et de *Sol*.

Conseils pratiques. — I. — C'est surtout dans l'étude de la transposition que l'élève s'apercevra de la grande facilité que donne notre système de chiffrage. Les chiffres restent les mêmes pour toutes les transpositions. Il suffira de chiffrer une première fois les mélodies et, comme pour les accompagnements non transposés, les chiffres représenteront facilement et promptement à l'imagination : 1º Les notes de l'accord ; 2º La note de basse. Il suffira d'ajouter, dans l'accompagnement comme dans la mélodie, les *accidents* (dièzes ou bémols) de la tonalité nouvelle dans laquelle on joue et qui se placent à la clef.

II. — Pour connaître les accidents qui doivent être placés à la clef, il suffira de transposer (mentalement ou par écrit) l'échelle du mode non transposé, dans la tonalité nouvelle où l'on transpose. L'exemple suivant fera comprendre. Nous prenons l'échelle de Do comme point de comparaison.

Elever d'un ton. — De Do à Ré il y a un ton d'intervalle, donc tonalité nouvelle de Ré, soit 2 dièzes à la clef. (Voir un solfège).

Elever d'un ton et demi. — De Do à Mi ♭ il y a un intervalle d'un ton et demi, donc nouvelle tonalité ou gamme de Mi ♭, soit 3 bémols à la clef. (etc. en montant).

Baisser d'un ton. — De Do à Si ♭ il y a un intervalle d'un ton, donc tonalité nouvelle de Si ♭, soit 2 bémols à la clef. (Voir un solfège).

Baisser d'un ton et demi. — De Do à La il y a un intervalle d'un ton et demi, donc tonalité nouvelle de La, soit 3 dièzes à la clef. (etc. en descendant).

Exercices écrits. — Transposer les échelles modales un ton plus haut et un ton plus bas qu'elles ne sont écrites.

III. — Nous conseillons d'adopter ordinairement les tonalités suivantes pour les divers tons indiqués dans l'édition vaticane :

Le 1ᵉʳ ton liturgique peut être chanté sans transposition, exception faite cependant pour quelques pièces écrites trop dans le grave, comme *Dies iræ* et *Libera me* qui doivent être élevées d'un ton (tonalité de Mi mineur).

Le 2ᵉ ton liturgique : 1º Celui écrit en clef de Fa 3ᵉ ligne (Mode de Ré relâché) est transposé deux tons plus haut : en tonalité de Fa ♯ mineur (3 dièzes à la clef. Le Ré naturel remplace le Si bémol) ; 2º Celui écrit en clef de Do 3ᵉ ligne (Mode de Fa intense) est généralement transposé un ton plus bas ; en tonalité de Mi bémol (2 bémols à la clef, car le La naturel remplace le Si naturel).

Le 3ᵉ ton liturgique n'est ordinairement pas transposé, excepté toutefois dans la psalmodie. (Voir 5ᵉ partie).

Le 4ᵉ ton liturgique (tonalité de Do) n'est pas souvent transposé, exception faite pour les quelques pièces écrites en clef de Do 3ᵉ ligne (Sol intense et irrégulier, transposé en tonalité de La ou de Sol).

Le 5ᵉ ton liturgique est transposé un ton et demi plus bas (tonalité de La), 3 dièzes à la clef, mais le Sol naturel remplaçant le Si ♭, c'est presque la tonalité de Ré.

Le 6ᵉ ton liturgique n'est pas transposé.

Le 7ᵉ ton liturgique est transposé deux tons et demi plus bas (tonalité de Sol), un dièze à la clef.

Le 8ᵉ ton liturgique est transposé un ton plus bas (tonalité de Si ♭), exception faite pour les pièces qui ne montent pas trop à l'aigu et qui restent non transposées en tonalité de Do.

Cet ambitus moyen pour chaque échelle modale est approprié à la plupart des voix. Des tonalités plus graves ont été parfois adoptées dans certains chœurs d'église. « L'éclat « de la mélodie n'en est-il pas un peu terni? La nouvelle interprétation grégorienne va « d'un pas léger et aérien. Elle gagne à avoir une tonalité un peu élevée. Aussi, sauf « pour des raisons sérieuses, il est bon de s'en tenir aux tonalités conseillées. Elles « tiennent un juste milieu et sont le plus en usage. » (Chassang).

Ces indications toutefois ne sont que des conseils donnés pour guider l'élève ; elles n'ont rien d'absolu. La pratique en montrera l'utilité.

Nous donnons ci-après des exemples pour les transpositions les plus usitées.

CHAPITRE II

Transpositions avec Dièzes à la clef

TABLEAU des accords usités dans la tonalité de La

Ce tableau est le même que celui de la page 22, transposé un ton et demi plus bas. L'étudier très sérieusement et le répéter comme exercice journalier jusqu'à ce qu'il soit dans la mémoire et dans les doigts.

Transposition du 2ᵉ ton liturgique

Clef de Fa 3ᵉ ligne. Mode de Ré relâché. Solfier 2 tons plus haut, 3 dièzes à la clef.
Dans l'échelle non transposée, le Si ♭ étant obligatoire, le Ré qui dans l'échelle transposée remplace le Si sera obligatoirement le Ré ♮.

Echelle de Ré relâchée, transposée 2 tons plus haut

Exemple : Analyse de l'Hymne du Carême.

Autre exemple : Analyse de l'*Alleluia, Dies sanctificatus* (Noël, messe du jour).

Exercices écrits. — Transcrire en transposant et analyser l'Offertoire *Domine*,
de la Messe des morts. Transposer 2 tons plus haut.

Transposition du 3ᵉ ton liturgique

Solfier 1 ton 1/2 plus bas. Tonalité de La, 3 dièzes à la clef. Echelle modale Dorienne. Cette transposition est usitée surtout pour la psalmodie.

Exemple : Analyse de *Fidelis servus*, 3ᵉ Antienne d'un Confesseur non pontife.

Mieux vaudrait ne jamais harmoniser les antiennes des psaumes; car il est bien suffisant d'entendre l'accompagnement du psaume qu'elles encadrent, En tous cas, il ne faut pratiquer avec les antiennes qu'un accompagnement très léger, un contrepoint très svelte à deux ou trois parties.

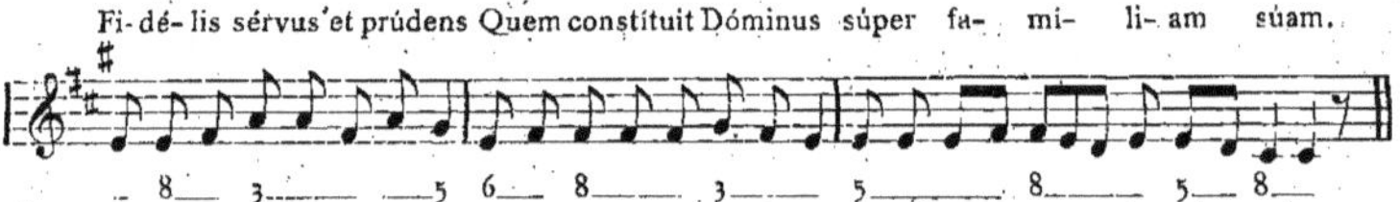

Exercices écrits. — Transposer et analyser les Antiennes *Dum esset Rex* et *Nigra sum*, des Vêpres de la Sainte Vierge.

Transposition du 4ᵉ ton liturgique pour quelques cantilènes irrégulières

Il existe des cantilènes altérées que l'édition vaticane a rangées sous la bannière du 4ᵉ ton et qui méritent une étude spéciale. Les unes ont des finales intenses, c'est-à-dire élevées, comme les *Gloria, Sanctus* et *Agnus* du Temps pascal, dont les finales ont lieu sur Sol, La et Si. Les autres sont des antiennes construites sur un modèle type, toujours le même (Voir la 4ᵉ Antienne des IIᵉ Vêpres de Noël : *Apud Dominum*) dont le commencement est en mode de Sol, tandis que la finale est en mode de Fa. Ces mélodies sont écrites en clef de Fa 3ᵉ ligne. Leur accompagnement doit suivre le jeu des différentes quintes modales et finales successives que révèle l'analyse. Mais, encore une fois, mieux vaudrait ne pas les accompagner. La quinte modale à la fin et c'est suffisant.

1ᵉ Exemple : Gloria du *Temps pascal.*

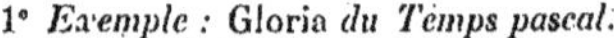

Écrite dans un diapason trop élevé pour des voix ordinaires, cette messe du Temps pascal est généralement transposée un peu vers le grave.

Exemple : Solfier 1 ton 1/2 plus bas. Tonalité de La. 3 dièzes à la clef.
La quinte modale devient Mi-Si.

Exercices écrits. — Transposer et analyser le *Sanctus* et l'*Agnus* du Temps pascal.

2° Dans la psalmodie, les antiennes numérotées 4e ton, écrites en clef de Do 3e ligne, du genre *Apud Dominum,* sont souvent transposées 2 tons 1/2 plus bas, en tonalité de Sol avec 1 dièze à la clef.

Exemple : 4e *Antienne des Vêpres de Noël* non transposée (avec 2 quintes modales).

Cette antienne écrite en Sol et Fa intense est généralement baissée comme ci-dessous 2 tons 1/2 plus bas et avec le même chiffrage que précédemment.

Exercices écrits. — Transposer et analyser l'Antienne *In Odorem*, Vêpres des Saintes Femmes.

Transposition du 5ᵉ ton liturgique

Solfier 1 ton 1/2 plus bas. Tonalité de La. 3 dièzes à la clef. Les accords de Si♭ sont remplacés par ceux de Sol ♮. On transpose généralement de cette manière les mélodies du 5ᵉ ton.

Exemple : Analyse de l'*Agnus* de l'Avent.

Les mélodies d'Ut médiéval écrites en Fa ont le Si ♭ obligatoire. Donc, le Sol ♮ remplaçant le Ré ♭ est obligatoire.

Exemple : Analyse du *Kyrie de Angelis*.

Exercices écrits. — 1º Mode de Fa normal. Transposer et analyser l'Introït du 9ᵉ Dimanche après la Pentecôte ; 2º Mode d'Ut médiéval écrit en Fa. Transposer et analyser le *Sanctus* des Fêtes de la Sainte Vierge 1º. *Credo* (de Angelis).

Transposition du 7ᵉ ton liturgique

Solfier 2 tons 1/2 plus bas. Tonalité de Sol. 1 dièze à la clef. On y rencontre peu le Si ♭. Ce Si ♭ est remplacé par le Fa ♮. Quinte modale transposée : Ré-La. Fondamentale et finale : Ré. On transpose ainsi la plupart des cantilènes du 7ᵉ ton.

Exemple : Analyse de l'Introït de Noël (Messe du jour).

Exercices écrits. — Transposer et analyser : *Sub tuum, Asperges me, Alleluia Caro mea* de la Messe du Très Saint Sacrement.

Autre transposition du 7e ton (Spéciale pour la Séquence *Lauda Sion*)

Solfier 1 ton 1/2 plus bas. Tonalité de La. 3 dièzes à la clef. Quinte modale : Mi-Si. Fondamentale et finale : Mi.

Transposition du 8e ton liturgique

Solfier 1 ton 1/2 plus bas. Tonalité de La. 3 dièzes à la clef. Quinte modale : Mi-Si. Fondamentale et finale : Mi. Les accords de Sol ♮ remplacent ceux de Si ♭.

On transpose de cette manière les Antiennes des Laudes et des Vêpres marquées 8e ton, et quelques Graduels et Alleluias dont l'ambitus vocal est un peu élevé.

Exemple : Analyse du Trait de la Messe des morts.

Exercices écrits. — Transposer et analyser le verset *Et gratia* de la Messe des morts, l'antienne *Beatam me dicent*, *Magnificat* des IIᵉ Vêpres de la Sainte Vierge, antiennes *Repleti sunt omnes* et *Spiritus Domini* des Vêpres de la Pentecôte.

Transposition du 1ᵉʳ ton liturgique

Le 1ᵉʳ ton (Mode de Ré) est rarement transposé. Cependant on peut hausser quelques mélodies écrites en cette échelle pour leur donner plus de clarté. Solfier 1 ton plus haut. Tonalité de Ré. 2 dièzes à la clef. Quinte modale : Mi-Si. Fondamentale et finale : Mi. Les accords de Si ♭ sont remplacés par ceux de Do ♮.

Exemple : Analyse de la 1ʳᵉ strophe, Séquence *Dies iræ*.

Exercices écrits. — Transposer et analyser : *Libera me*, répons des funérailles, *Victimæ paschali*, prose de Pâques, *Jesu Redemptor omnium*, hymne de Noël.

Transposition du 6ᵉ ton liturgique

Solfier 1 ton plus haut. Tonalité de Ré. 2 dièzes à la clef. Quinte modale : Sol-Ré. Finale-fondamentale : Sol. Les accords de Si ♭ sont remplacés par ceux de Do ♮.

Exemple : Analyse du *Sanctus* de la Messe de *Angelis*.

Exercices écrits. — Transposer et analyser : *Pleni sunt* du Sanctus précédent et *Agnus de la Messe de Angelis*.

CHAPITRE III

Transpositions avec Bémols à la clef

TABLEAU des accords usités dans la tonalité de Si bémol

Ce tableau est le même que celui de la page **22**, transposé un ton plus bas. L'étudier très sérieusement et le répéter comme exercice journalier jusqu'à ce qu'il soit dans la mémoire et dans les doigts.

Transposition du 2ᵉ ton liturgique. Fa intense

Les mélodies du 2ᵉ ton, écrites en clef de Do 3ᵉ ligne, appartiennent à l'échelle de Fa intense. Ces cantilènes assez élevées sont ordinairement transposées en tonalité de Si ♭. Solfier 1 ton plus bas. 2 bémols à la clef. Les accords de La ♮ remplacent les accords de Si ♭ dans la transposition. Quinte modale : Mi ♮-Si ♮. Finale : Sol. Fondamentale : Mi ♮. Relire les explications données sur l'échelle de Fa intense, page 43.

Exemple : Analyse du Graduel *Requiem* de la Messe des morts.

Exercices écrits. — Transposer et analyser le Graduel *Hœc dies* du jour de Pâques, ainsi que des Lundi et Mardi de Pâques, Communion *Cantate* du 5ᵉ Dimanche après Pâques, *Alleluia*, *Confitemini* du 19ᵉ Dimanche après la Pentecôte.

Nota. — Il est possible de transposer ces mélodies de Fa intense 1 ton 1/2 plus bas, en tonalité de La. 3 dièzes à la clef. Quinte modale : Ré-La. Finale : Fa. Fondamentale : Ré.

Transposition du 3ᵉ ton liturgique

Solfier 1 ton plus bas. Tonalité de Si ♭. 2 bémols à la clef. Les accords de Si ♭ sont remplacés par ceux de La ♮. Quinte modale : Ré-La. Finale et fondamentale : Ré.

Généralement, les organistes transposent de cette manière quelques belles pièces du 3ᵉ ton dont l'ambitus vocal est trop élevé. Cette transposition est dans le médium de la voix de baryton.

Exemple : Analyse du magnifique Graduel de la Septuagésime.

Exercices écrits. — Graduel *Speciosus forma* du Dimanche dans l'octave de la Nativité, Antienne *Hœc est quœ nescivit* des Vêpres des Vierges, Graduel *Salvos fac nos* du Saint Nom de Jésus, Répons *Omnes amici mei*, 1er Nocturne du Vendredi-Saint, Graduel *Laudate* de la Messe des Saints Anges, Introït *Gaudens gaudebo* de l'Immaculée Conception (8 décembre).

Transposition du 5e ton liturgique

Solfier 1 ton plus bas, 2 bémols à la clef. Quinte modale : Mi ♮-Si ♮. Finale et fondamentale : Mi ♮. Echelle de Fa normal et de Fa relâché. Les accords de La ♮ remplacent ceux de Si ♮. On transpose ainsi les Graduels numérotés 5e ton écrits sur deux clefs de Do différentes. L'antienne est écrite en clef de Do 4e ligne (échelle de Fa relâché) et le verset est écrit en clef de Do 3e ligne (échelle de Fa normal).

Exemple : Graduel du Dimanche de la Sainte Trinité

1o *Analyse de l'Antienne.*

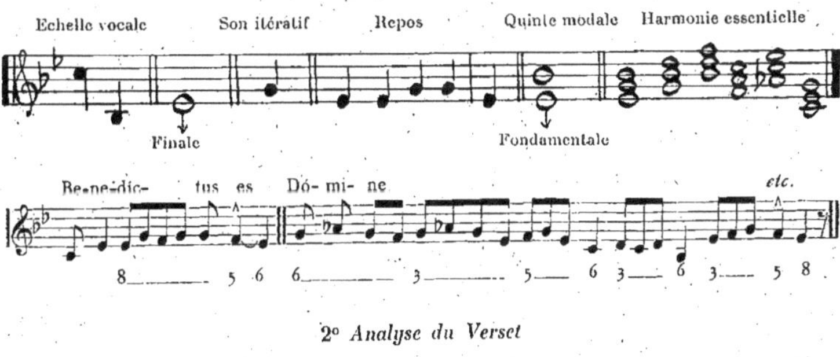

2o *Analyse du Verset*

Exercices écrits. — Transcrire et analyser : Introït *Loquebar* (Messe d'une vierge martyre), Graduel *Propitius esto*, 4° Dimanche après la Pentecôte, les Graduels des 5° 6°, 7°, 9° et 11° Dimanches après la Pentecôte, Graduel *Benedicta es tu* de l'Immaculée Conception.

Transposition du 8° ton liturgique

Solfier 1 ton plus bas. Tonalité de Si ♮. 2 bémols à la clef. Echelle modale de Sol relâché, Quinte modale transposée : Fa-Do. Finale et fondamentale : Fa. Les accords de Si ♭ sont remplacés par ceux de La ♭. On transpose ainsi les pièces du 8° ton liturgique destinées à être chantées par des voix de baryton ou mezzo-soprano.

Exemple : Introït *Spiritus* de la Pentecôte.

Cette pièce, d'allure majestueuse, est un des plus beaux types du Mode de Sol. Son harmonisation présente de réelles difficultés. Mieux vaudrait se contenter d'harmoniser seulement le psaume.

Analyse.

Répéter ensuite l'Antienne *Spiritus*.

Exercices écrits. — Transcrire et analyser : L'Hymne *Placare* de la Toussaint, l'Hymne *Veni Creator* de la Pentecôte, l'Hymne *O Salutaris* du Très Saint Sacrement, l'Antienne de l'aspersion au Temps pascal *Vidi Aquam*, Introït *Lœtabitur*, messe d'un martyr non pontife, Offertoire *Posuisti* de la même messe.

Remarques. — Les chants de la Messe (comme ceux des Vêpres) ont une origine psalmique. Tous sont des antiennes dont le psaume a disparu. L'Introït seul a gardé, avec un verset du psaume suivi du *Gloria Patri*, la forme ancienne et traditionnelle. Aussi une règle, que toute schola ne devrait jamais délaisser, *c'est de répéter l'antienne de l'Introït après le chant du psaume*. L'Introït est un triptyque de cette forme :

Antienne -+- Psaume -+- Antienne

Ne pas répéter l'antienne après le psaume, c'est faire une entorse à la liturgie et faire preuve d'un *manque de goût* artistique. Que de fois, malheureusement, on entonne le *Kyrie* immédiatement après le psaume de l'Introït. Or, il y a un lien établi entre les trois parties constitutives de l'Introït et ce lien ne peut être brisé sans dénaturer le sens du morceau.

CINQUIÈME PARTIE

PSALMODIE

CHAPITRE PREMIER

Notions préliminaires

Le chapitre de la psalmodie, quoique souvent restreint dans les méthodes d'accompagnement, est cependant d'une très grande importance si on considère la place que tient la psalmodie dans l'office divin.

La psalmodie accepte plus volontiers l'harmonie et le contrepoint que les autres parties de la liturgie chantée. « Une seule région de l'Office peut comporter une harmo-« nisation appropriée : c'est la partie psalmodique, à condition que soit respectée rigou-« reusement l'homophonie de l'antienne qui précède le psaume et lui sert de conclusion. « Tel est, en effet, le rôle musical de l'antienne ; sa réitération s'impose après l'exécution « des versets, *toujours*. Ce n'est pas que l'harmonisation soit plus logique dans le verset « du psaume qu'ailleurs. Elle est seulement moins condamnable et elle peut être tolérée. « Même elle semble offrir quelques avantages, en introduisant de la variété dans le mode « d'exécution et en mettant en relief, par contraste, la dénudation systématique de tout « ce qui n'est point psalmodie. » (M. Emmanuel, *Traité de l'accompagnement modal des Psaumes*. Janin, éditeur).

L'accompagnement des psaumes doit être simple et sévère. Cette sublime poésie lyrique n'a pas été composée en vue d'un effet de théâtre ou de scène moderne. « Les « Psaumes, cette louange au Très-Haut, d'une exaltation passionnée qui va jusqu'à la « rudesse, sont, sous leur forme verbale complète, mais en un revêtement musical plus « simple qu'à la messe, la partie constituante de l'office du soir. Leur exécution nécessite « des soins attentifs. Ici règne une monotonie active et grandiose, qui devient un facteur « de pure beauté : le chant de la psalmodie, en nos cathédrales, à l'heure où la rose du « couchant lance, du fond de la nef, les flammes de ses vitraux, n'est pas un des moindres « attraits de la liturgie. Ce lyrisme puissant, tour à tour extatique, batailleur, descriptif, « exclut — devrait exclure — une machinale interprétation. De ce que la formule psal-« modique se répète bon nombre de fois il ne résulte pas qu'elle doive suivre uniformé-« ment le même *cours*. Il appartient au maître de chapelle et à l'accompagnateur de faire « circuler la vie, largement, dans ces strophes ardentes, et d'appliquer à leurs réitéra-

« tions mélodiques la variété des couleurs dont chaque mode dispose. C'est là une déli-
« cate et précieuse besogne qui, si l'on s'en acquitte bien, rend l'office vespéral cher à
« ses interprètes. » (M. Emmanuel, *Traité de l'accompagnement modal des Psaumes*).

Donc, point de ces roulades et de ces traits de vélocité que des organistes peu sérieux ont le mauvais goût d'exécuter pendant la teneur du psaume. Mais si l'on veut, de
légères et douces harmonies, un contrepoint sévère et peu chargé, le déchant du Moyen-
Age plus complété et mieux adapté à nos oreilles modernes. Ne serait-il pas utile de
méditer ces pensées du grand évêque d'Hippone? « *Cum reminiscor lacrymas meas, quas*
« *fundi ad cantus ecclesiæ, in primordiis recuperatæ fidei meæ, et nunc ipse commoveor non*
« *cantu, sed rebus quæ cantantur*, cum liquida voce et convenientissima modulatione con-
« tantur, *magnum instituti hujus utilitatem cursus agnosco*. » (Conf. I, x, ch. 33).

C'est ainsi que saint Augustin comprenait la psalmodie et c'est ainsi que les chré-
tiens sincèrement pieux l'estiment. Bien plus, ceux qui, rassasiés des distractions théâ-
trales, viendront écouter les chants si reposants de la liturgie chrétienne, seront heureux
d'entendre, pendant la psalmodie, un accompagnement calme, pieux et évocateur des
siècles écoulés.

« Dans le chant d'église, écrivait le cardinal Langénieux, les âmes tristes trouvent
« de la joie, les esprits fatigués du soulagement, les tièdes un commencement de ferveur,
« les pécheurs un attrait à la componction. Quelque dur que soit le cœur des hommes
« du monde, en entendant une belle psalmodie ils ressentent au moins quelque commen-
« cement d'amour pour les choses de Dieu. Il en est même à qui le seul chant des
« psaumes a fait verser des larmes de repentir et de conversion. » *Deo nostro sit jucunda
decoraque Laudatio*.

Remarques. — Dans les exemples donnés ci-après, nous nous sommes inspirés
abondamment des principes exposés par M. M. Emmanuel dans son Traité de l'accompagnement modal des Psaumes. Nous avons souvent reproduit les exemples qu'il donne.
En des questions si délicates, il est nécessaire d'user largement des enseignements d'un
maître autorisé et compétent.

I. — Il est bon de ne pas accompagner l'intonation du premier verset, les chantres
sont mieux soutenus et hésitent moins quand le chant débute à l'unisson.

II. — On peut opter entre plusieurs façons d'accompagner le psaume : 1° La quinte
modale pure et simple, laquelle constitue une harmonisation suffisante, complète pour
certaines formules psalmodiques. Mais il est assez rare que ce support unique puisse être
appliqué d'un bout à l'autre ; 2° Une harmonisation réduite à quelques accords, aussi peu
nombreux que possible ; 3° Un mouvement de lignes contrapontiques riches en notes de
passage. Il sera précieux de varier dans le cours d'un même psaume les moyens d'accompagnement employés. Les diverses manières précitées pourront avec avantage alterner
entre elles.

III. — Les exemples fournis ci-après indiquent une simple orientation et doivent
être adaptés à chacun des versets du psaume. Quant aux *imitations* proposées dans plusieurs exemples, elles tourneraient vite au procédé et deviendraient fastidieuses si on en
faisait abus. L'intonation qui les provoque est propre au premier verset seulement. Il
faut diversifier les accompagnements sans abuser des différentes pratiques d'école ou de
méthode.

IV. — Les dissonances de retard, préparées et résolues, pourront être employées
utilement à la médiante et à la terminaison.

V. — Ne pas s'évertuer à des réalisations trop minutieuses ; il suffit de s'exercer à
produire une facture harmonique ou contrapontique dont l'allure générale ne contrevienne
pas aux exigences modales mélodiques, à l'articulation et à l'accentuation des mots.

VI. — Nous adoptons la note *La* comme teneur générale du psaume, parce qu'elle est la plus usitée, la plus commode pour les chantres et la plus facile à suivre par l'organiste. Cependant, nous donnons les teneurs de Si ♭ et de Si ♮ à quelques tons de la Psalmodie afin de satisfaire aux exigences de la transposition.

VII. — Analyser chaque antienne avant d'exécuter le psaume et puiser dans cette analyse les éléments nécessaires à l'harmonie adaptée à la psalmodie suivante. Un organiste habile pourra même utiliser les thèmes musicaux de l'antienne et les faire entendre dans l'accompagnement du psaume. Ne *jamais séparer* le psaume de l'antienne, celle-ci doit être *toujours répétée* après le psaume.

CHAPITRE II

Les Huit Tons des Psaumes

TABLEAU des 8 Tons psalmodiques harmonisés et transposés pour accompagner les voix ordinaires. (Il est bon d'étudier ce tableau pendant quelque temps comme exércice journalier).

1er Ton Psalmodique

Teneur : La. — Non transposé

Exemple : Antienne des Vêpres du 2e Dimanche de l'Avent.

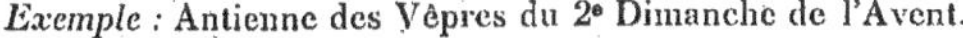

Remarquer comment dans le 4e verset « *Juravit* », on a utilisé par manière de contre-point les principaux thèmes de l'antienne *Ecce in nubibus*.

Dans le 3e verset « *Tecum principium* », on a utilisé l'intonation du psaume en la traitant comme imitation.

Dans les versets 1 et 2 « *Dixit Dominus* » et « *Donec ponam* », on s'est inspiré de l'harmonie révélée par l'analyse de l'antienne.

C'est ainsi qu'il est possible de réaliser dans l'accompagnement de la Psalmodie des effets d'art très élevé et constamment variés.

Deux exemples du 1er Ton avec teneur Si

2e Ton Psalmodique

1° *Echelle de Ré relâché.* — Teneur : La. — Transposer 2 tons plus haut.

2° *Echelle de Fa intense.* — Transposer 1 ton plus bas. — Teneur : Si ♭.

3ᵉ Ton Psalmodique

1° *Echelle de Mi.* — Teneur : La. — Transposer 1 ton 1/2 plus bas.

2° *Echelle de La.* — Teneur : Si ♭.

4ᵉ Ton Psalmodique

1° Echelle de Sol intense. — Transposé. — Teneur : La.

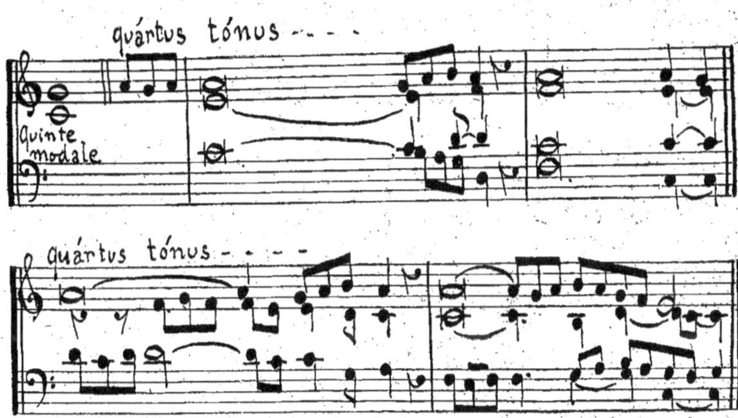

2° Cantilènes altérées.— Mode irrégulier.— Teneur : La.— Transposer 2 tons 1/2 plus bas.

Les antiennes de ce mode altéré sont toutes construites dans la forme suivante. Les paroles seules diffèrent. *(5ᵉ Antienne des Vêpres de la Sainte Vierge).*

5ᵉ Ton Psalmodique

1º *Echelle de Fa normal.* — Teneur : La. — Transposer 1 ton 1/2 plus bas.

REMARQUES. — 1º *Il y a trois tons* psalmodiques n'ayant qu'une seule terminaison : le 2ᵉ, le 5ᵉ et le 6ᵉ ; 2º *A remarquer* aussi que les antiennes des Vêpres ou des Laudes marquées 5ᵉ ton sont peu nombreuses ; 3º Pour les *antiennes du 5ᵉ ton* l'échelle est *normale*, mais pour le *psaume* la terminaison est *intense*, c'est-à-dire qu'elle ne descend pas à la Fondamentale ; 4º *L'échelle d'Ut* transposée en Fa est rangée sous le catalogue 5ᵉ ton. Comme exemple, nous analysons l'antienne à Magnificat *O Sacrum convivium*, de la fête du Très Saint Sacrement. Le majeur moderne s'y annonce avec une grande netteté par des modulations passagères qui présagent déjà la musique classique.

Analyse de l'antienne *O sacrum* transposée 1 ton 1/2 plus bas. 3 dièzes à la clef.
Le Si ♭ obligatoire est remplacé par le Sol ♮.

6ᵉ Ton Psalmodique

1º Echelle de Fa reláché. — Teneur : La.

2º Echelle d'Ut écrite en Fa. — Teneur : Si. — Transposer 1 ton plus haut.
2 dièzes à la clef.

7ᵉ Ton Psalmodique

Echelle de Sol normal. — Teneur : La. — Transposer 2 tons 1/2 plus bas.
Ton de Sol. — 1 dièze à la clef.

Même échelle. — Teneur : Si. — Transposer 1 ton 1/2 plus bas.!

8ᵉ Ton Psalmodique

1º *Echelle de Sol relâché.* — Teneur : La. — Transposer 1 ton 1/2 plus bas. — 3 dièzes
à la clef. La terminaison, malgré des allures se rapprochant des mélodies modernes,
ne supporte pas la cadence parfaite.

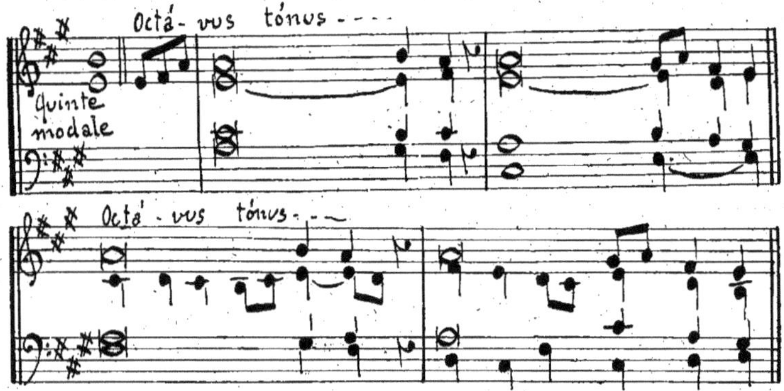

2º *Echelle d'Ut écrite en Sol.* — Teneur : Si ♭. — Transposer 1 ton plus bas.
2 bémols à la clef.

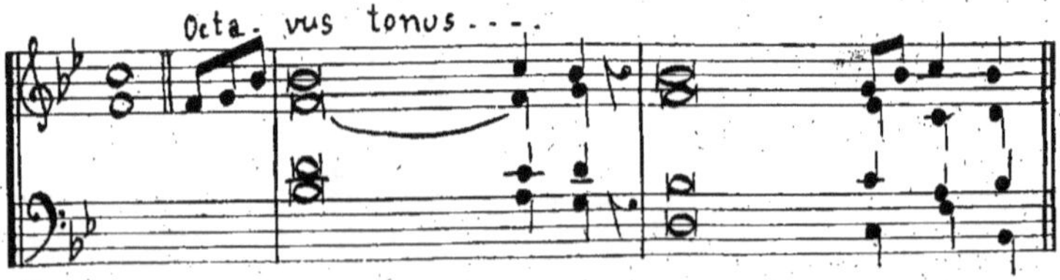

Ces mélodies d'Ut inscrites dans le catalogue du 8e ton ne présentent aucune particularité. Leur quinte modale est la même que celle de Sol relâché.

Ton Pérégrinus

Le ton Pérégrinus, des Vêpres du Dimanche, indique nettement à l'analyse le mode de La Dorien transposé en *Ré*. La finale de l'antienne est intense (Sol), mais la finale du psaume est normale (Ré).

Analyse de l'Antienne *Deus autem*.

Transposition du Pérégrinus 1 ton plus haut. — Teneur : Si. — 2 dièzes à la clef.

Conclusion. — Les conseils et les exemples que nous avons donnés dans cette Méthode doivent servir de directives générales aux études d'un organiste sérieux. Il saura s'en inspirer sans y attacher une importance exagérée. En matière d'art il n'y a rien de définitif.

Faut-il supprimer totalement l'accompagnement et soutenir seulement les voix à l'unisson ? C'est un peu maigre et vide pour nos oreilles habituées à entendre l'harmonie continue. Faut-il accompagner toujours ? C'est contraire à la constitution et à la belle simplicité de l'homophonie médiévale. Un organiste doit concilier, autant que faire se peut, ces deux obligations contradictoires ; il doit parfois imposer le « tacet » à l'orgue, mais aussi se garder de tomber dans un trop complet exclusivisme vis à vis de cet admirable instrument. L'orgue a son rôle reconnu dans la liturgie chrétienne. Nous chantons les mélodies médiévales, il est vrai, mais nous les chantons au xxe siècle. Le cadre et les circonstances n'étant plus les mêmes, il faut nécessairement en subir les inconvénients et s'y adapter.

CHAPITRE COMPLÉMENTAIRE

Essai d'harmonisation diatonique des cantiques populaires

Dès à présent, il est possible à l'élève un peu pressé, qui a suivi cette Méthode et qui connaît le solfège, d'accompagner les cantiques populaires. Il lui suffira d'utiliser ses connaissances acquises sur les accords diatoniques acceptés pour l'harmonisation du plain-chant grégorien. Quoique hors de mode, cet accompagnement présente à l'audition une couleur archaïque assez agréable. Voici la manière de le réaliser :

1° *Se servir des accords diatoniques utilisés pour les mélodies grégoriennes.* (Voir le tableau des accords, page 8). *Les utiliser avec accompagnement mélodique.* (Voir page 16 et suivantes) ;

2° Place des Accords. — *L'accord se place au temps fort, c'est-à-dire au commencement de chaque mesure.* Dans la mesure à 4 temps, un accord supplémentaire peut être placé au milieu de la mesure : au 3e temps. Dans les mesures à $\frac{6}{8}$ $\frac{9}{8}$ $\frac{12}{8}$ un accord peut être placé au commencement de chaque triolet ;

3° *Reconnaître le ton (ou gamme) dans lequel la mélodie est écrite, et se servir principalement pour l'harmonisation des accords des 1er, 5e et 4e degrés dans chaque gamme.* Pour s'apprendre à reconnaître le ton (ou gamme) dans lequel une mélodie est écrite, il faut se reporter dès maintenant à la 4e partie des Eléments d'harmonie intitulée *Accompagnement d'un chant donné.*

EXEMPLES :

1° Voici une mélodie : le cantique *Travaillez à votre salut*, qui a 2 dièzes inscrits à la clef. Ce morceau est écrit en Ré majeur. Pour l'harmoniser, il faudra se servir de préférence des accords de Ré (1er degré) Sol (5e degré) et Do (4e degré). On peut se rendre compte combien cette manière d'harmoniser se rapproche de celle qui consiste à baser l'accompagnement du plain-chant sur la quinte modale.

Ici nous l'appellerons *Quinte tonale.*

Gamme de Ré majeur.

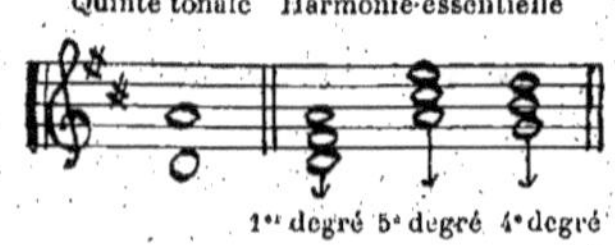

Voici comment il est possible d'harmoniser ce cantique.

Les accords faisant tous partie de l'harmonie essentielle donnée par les 1er, 5e et 4e degrés, ont été placés aux 1er et 3e temps de chacune des mesures à 4 temps.

2° Prenons la mélodie du couplet dans le cantique *O Marie, ô mère chérie !* Elle est écrite avec deux bémols à la clef : en Sol mineur.

Gamme de Sol mineur

Harmonisation dans le ton de Sol mineur

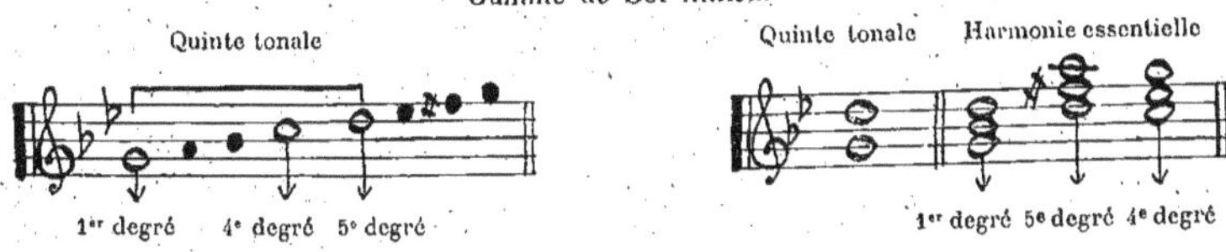

Il est bon de remarquer que dans le mode mineur la septième note de la gamme est toujours affectée d'un accident. Ici c'est le Fa ♯.

3° Refrain du cantique *Fut-il Jamais.* Cette mélodie avec 1 dièze à la clef est écrite en *Sol majeur.* Mesure à 2 temps.

Gamme de Sol majeur.

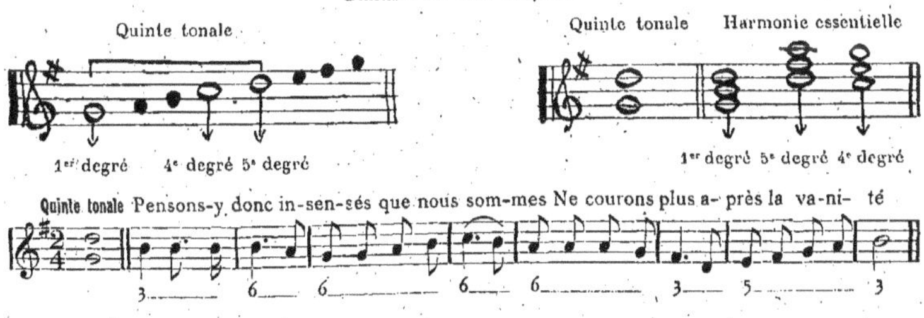

4° Harmonisation du cantique *Reviens pécheur.* Ici la mesure est à $\frac{6}{8}$; il sera donc possible de placer un accord à chaque triolet, chaque fois que la mélodie en aura besoin.

La première phrase de ce cantique est nettement en La mineur. (Le Sol ♯ en est la preuve facile à constater).

Gamme de La mineur.

Mais dans un même morceau, les phrases qui se succèdent ne sont pas toutes écrites dans le même ton (il y a souvent modulation). Il faut alors chercher le nouveau ton indiqué par les accidents de la mélodie. Ainsi, dans le cantique analysé, si la première phrase est écrite en La mineur à cause du Sol ♯ (3e et 7e mesures), la phrase suivante est écrite en Do majeur, ainsi qu'il est facile de le constater par le Sol ♮ (2e et 6e mesures) et l'accompagnement devra être nettement pour cette seconde phrase, en ton de Do majeur.

Gamme de Do.

Enfin, la phrase finale de ce cantique retourne au ton primitif de La mineur, ce qui est indiqué par le Sol ♯ à la dernière mesure.

Ces essais d'harmonisation des cantiques sont loin d'être excellents ; cependant, ils sont un acheminement vers l'accompagnement artistique et sérieux que tout organiste digne de ce nom doit pouvoir construire sous une mélodie donnée. C'est ce que nous enseignons dans les *Éléments d'harmonie classique.*

HARMONISATION

DES MÉLODIES MODERNES

DESTINÉES AU CULTE CHRÉTIEN

INTRODUCTION

Cet abrégé d'harmonie est destiné à diriger les études de ceux qui sont obligés d'accompagner le chant dans les églises ou chapelles. Les notions élémentaires qu'il contient sont très incomplètes. Pour improviser sans faute l'accompagnement d'une mélodie, il faut être rompu aux difficultés de l'harmonie, du contrepoint et de l'analyse musicale. Cependant, sans espérer satisfaire complètement ceux qui désirent se perfectionner dans l'art délicat de l'accompagnement, nous avons pensé qu'il était possible d'obtenir, après quelque temps d'études sérieuses, un accompagnement suffisamment correct pour les mélodies non liturgiques (cantiques, chants latins et français) que l'on chante à l'église ou dans les réunions pieuses.

Pour comprendre ces notions d'harmonie, **il faut absolument** faire *soi-même* les quelques *exercices* indiqués.

Mais ce n'est qu'un début. Pour être *organiste*, il faut de longues années d'études et de travail suivi. Si l'orgue est le roi des instruments, l'organiste doit être aussi le roi des musiciens.

NOTIONS PRÉLIMINAIRES

ORIGINE DES ACCORDS

L'accord est le résultat de la résonance. En faisant vibrer une corde de piano ou de violoncelle, on peut entendre les sons harmoniques suivants :

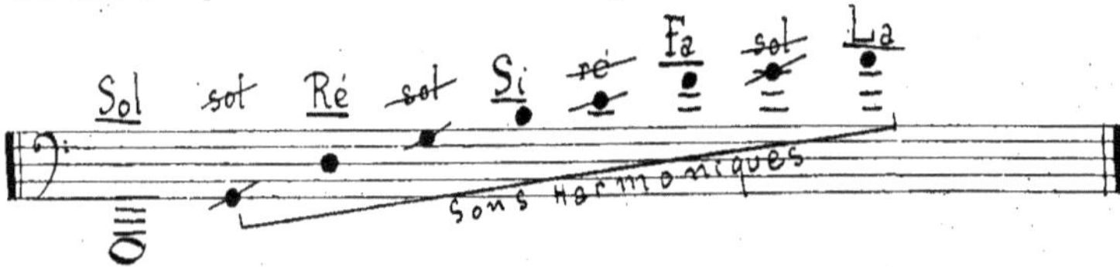

Si, dans ce tableau on supprime les notes redoublées (traversées par une petite barre) et que l'on resserre les notes espacées, on obtient l'accord général suivant : Accord naturel de 5 sons, appelé Accord de Neuvième de Dominante. Ainsi, les accords à l'état d'origine se composent de tierces superposées.

Pour se rendre compte de la structure d'un accord, pour l'analyser et le ramener à son état d'origine, il est nécessaire de connaître les intervalles diatoniques et chromatiques.

Tableau complet des Intervalles diatoniques & chromatiques

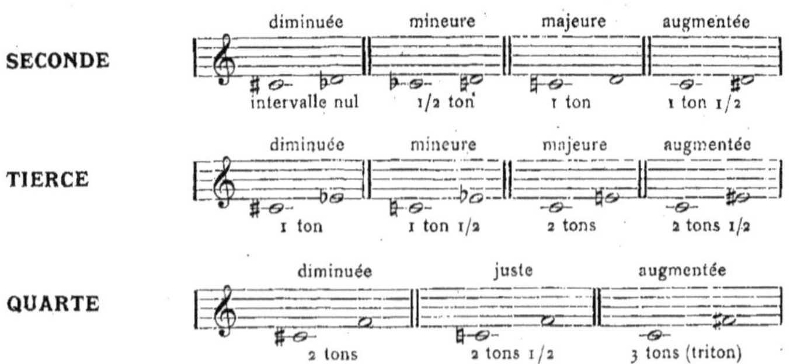

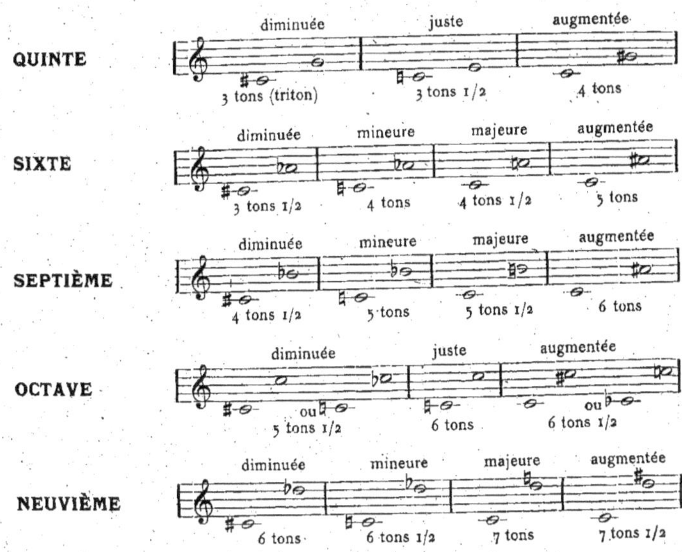

Remarque. — La quarte, la quinte et l'octave étant des consonances exactes sont appelées *justes ;* toute augmentation ou diminution les rend dissonantes.

On nomme intervalles sur-augmentés ou sous-diminués ceux qui, par des doubles dièzes ou doubles bémols, agrandissent les intervalles connus.

Exercice sur les intervalles. — Ecrire le nom de l'intervalle et sa grandeur en tons et demi-tons.

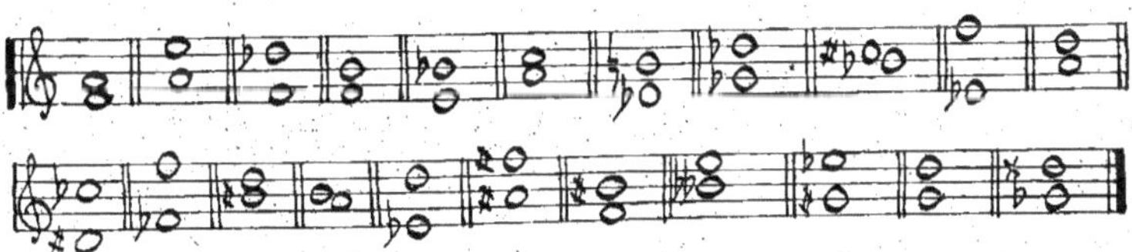

Remarque importante. — Les intervalles sont consonants ou dissonants. L'unisson, l'octave, la quinte juste, la quarte juste, la tierce majeure et mineure, la sixte majeure et mineure sont consonants. Tous les autres intervalles sont dissonants.

Exercice sur les intervalles. — Transcrire le tableau des intervalles et inscrire sur chacun d'eux s'il est consonant ou dissonant. Transcrire ensuite l'exercice précédent et écrire de même si les intervalles sont consonants ou dissonants.

PREMIÈRE PARTIE

HARMONIE CONSONANTE

CHAPITRE PREMIER

Accords de trois sons

L'*accord parfait majeur* est composé de la fondamentale, de la tierce majeure et de la quinte juste. Cet accord est chiffré 5.

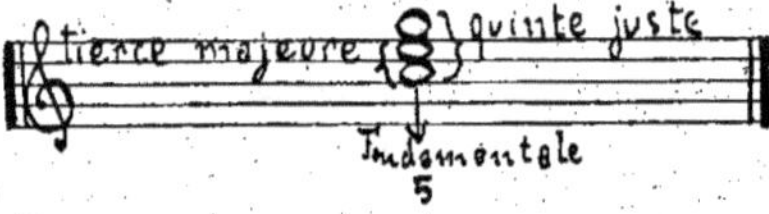

L'*accord parfait mineur* est composé de la fondamentale, de la tierce mineure et de la quinte juste. Cet accord est chiffré 5.

L'*accord de quinte diminuée* est composé de la fondamentale, de la tierce mineure et de la quinte diminuée. Cet accord est chiffré -5-.

Exercice sur les accords de trois sons. — Former des accords sur les notes suivantes en les écrivant sur deux portées à quatre parties.

1° **Accords Parfaits majeurs**

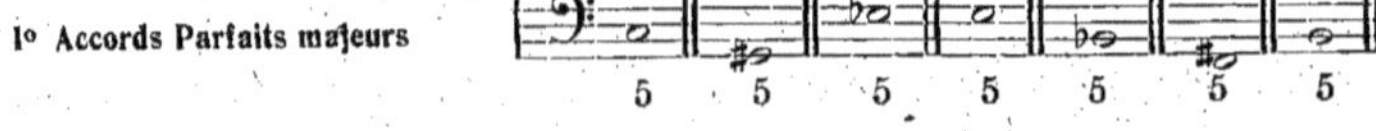

2ᵉ Accords Parfaits mineurs

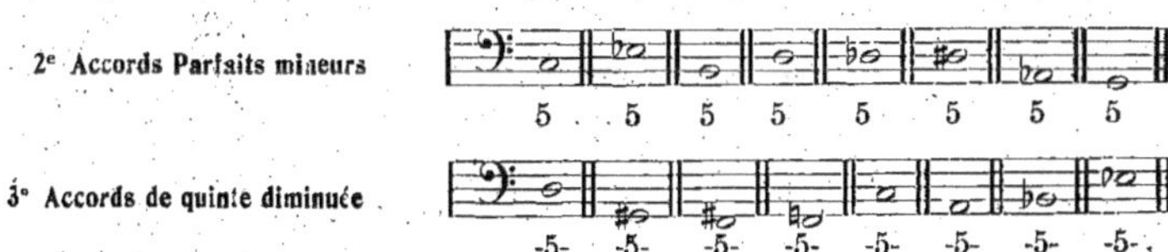

3ᵉ Accords de quinte diminuée

Placer les notes de ces accords (à quatre parties) en trois positions différentes.

CHAPITRE II

Les degrés de la gamme

Sur chacune des notes de la gamme majeure et de son dérivé, la gamme mineure, il est possible d'établir des accords dont voici les noms.

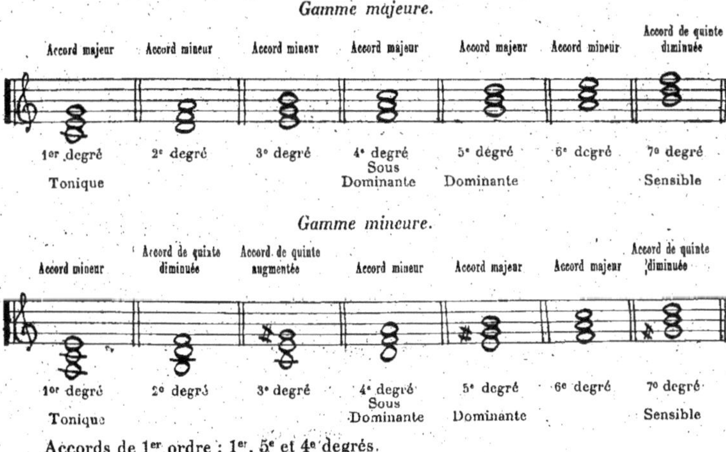

Accords de 1ᵉʳ ordre : 1ᵉʳ, 5ᵉ et 4ᵉ degrés.
Accords de 2ᵉ ordre : 2ᵉ et 6ᵉ degrés.
Accords de 3ᵉ ordre : 3ᵉ et 7ᵉ degrés.

Les accords les plus importants et qui suffisent pour délimiter clairement le ton, sont : celui du 1ᵉʳ degré appelé *tonique*, celui du 5ᵉ degré appelé *dominante* et celui du 4ᵉ degré appelé *sous-dominante*. Ces accords principaux servent à accompagner toutes les autres notes de la gamme. Quant aux accords des autres degrés, ils sont utilisés plus rarement, à seule fin de donner de la variété à l'harmonie, mais ils ne délimitent pas le ton.

Le 3ᵉ degré de la gamme mineure porte un accord dissonant de quinte augmentée qui n'est utilisé qu'avec certaines précautions. Nous n'en traiterons pas ici.

Exercice sur les degrés. — Indiquer quels sont les bons degrés du 1ᵉʳ ordre

(1, 5, 4) dans les tons suivants : *Ré majeur, Fa majeur, Si♭ mineur, Ré♭ majeur, Sol♭ mineur, La majeur, Mi mineur, Sol majeur.*

Position des notes dans les accords.

Les accords se prêtent à un grand nombre de positions qui, tout en modifiant leur effet, ne changent pas leur nature. Exemple :

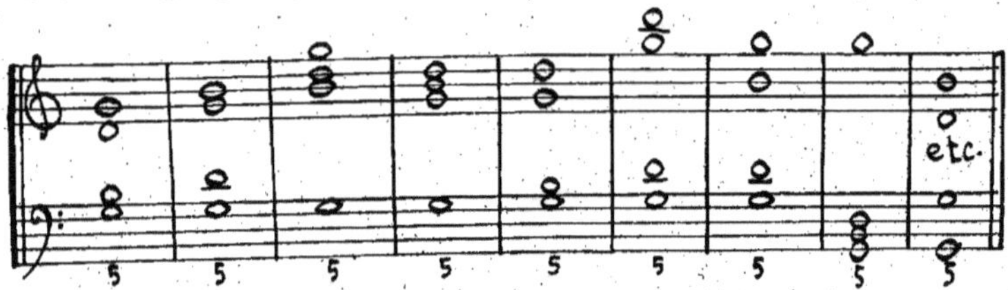

Quand les notes sont rapprochées les unes des autres, cela s'appelle *position serrée.* Quand les notes s'écartent entre elles, cela s'appelle *position large.*

Il faut se servir ordinairement des positions qui ne sont ni trop serrées ni trop larges. On évite surtout de se servir des positions trop serrées vers le grave.

CHAPITRE III

Règles d'harmonie

Pour réaliser l'harmonie, pour exécuter un accompagnement correct, il faut observer les règles suivantes :

1° Mouvements mélodiques des parties.

Règle. — **On doit enchaîner les notes les unes aux autres, de manière à former dans chaque partie une succession mélodique facile et naturelle, procédant généralement par petits intervalles.** C'est pourquoi il faut éviter le saut de sixte majeure, de septième, de neuvième et au-delà, ainsi que les intervalles augmentés et diminués. (Ces intervalles sont d'intonation difficile).

Dans le mode mineur, l'intervalle de seconde augmentée résultant de la sensible est toléré. Exemple :

Exercice. — Indiquer entre chacune des notes suivantes les intervalles mélodiques défectueux. La lettre P = permis. La lettre D = défendu.

2° Mouvements simultanés des parties.

Règle. — Pour la réalisation correcte de l'harmonie, il faut : **1° Pratiquer le mouvement contraire ; 2° Tout en conservant les notes communes ; 3° En réduisant le mouvement au minimum.**

Des trois sortes de mouvement : direct, oblique et contraire, le plus élégant est le mouvement contraire. Le moins bon est le mouvement direct, à cause des fautes auxquelles il expose.

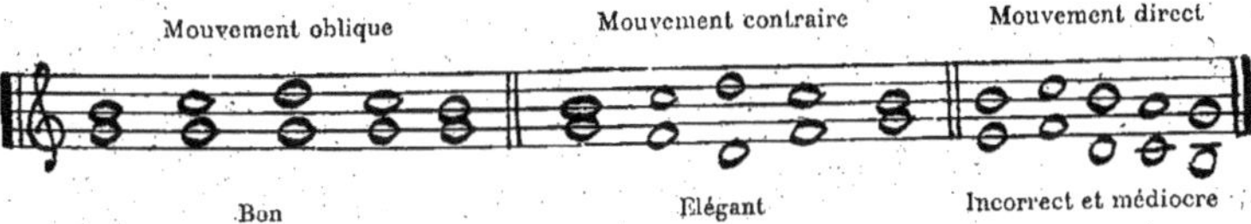

3° Quintes et octaves consécutives.

Règle. — **On ne doit pas faire entre les parties plusieurs quintes ou plusieurs octaves consécutives, soit par mouvement direct, soit par mouvement contraire.**

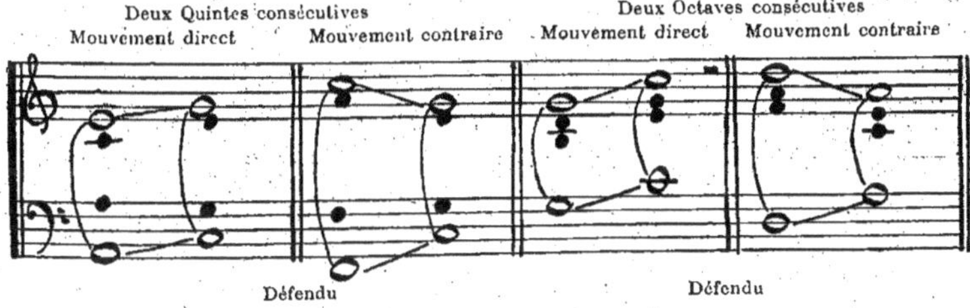

Les mêmes, corrigés.

Nota. — **1°** On tolère deux quintes consécutives quand la seconde est une quinte diminuée. Exemple :

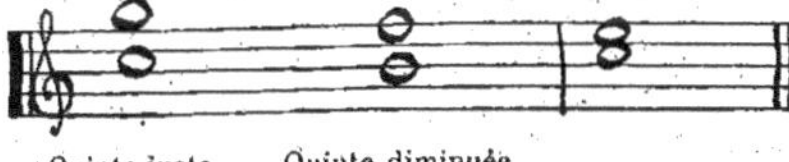

2° Les passages écrits en entier à l'octave ne sont pas considérés comme parties harmoniques, mais comme redoublement d'une partie que l'on a voulu renforcer. Il faut au moins trois octaves de suite pour que ces passages soient considérés comme redoublement d'une partie.

4° *Quintes et octaves directes.*

RÈGLE. — Il est défendu, surtout entre les parties extrêmes, d'arriver sur une quinte ou sur une octave par mouvement direct. L'unisson direct est de même défendu.

UNISSON DIRECT. — Cependant l'unisson direct est toléré dans les cadences entre le *ténor* et la *basse* seulement. Exemple :

EXCEPTIONS. — A la règle générale qui défend les *quintes et octaves directes*, il y a de nombreuses exceptions. Elles sont plus restreintes lorsqu'il s'agit des parties extrêmes, tandis qu'elles deviennent plus larges lorsqu'il s'agit des parties intermédiaires. Voici le résumé de ces prescriptions telles qu'elles sont enseignées au Conservatoire national :

Il est permis de faire la *quinte directe :*

I. — *Dans les parties extrêmes.* — 1° Sur les 1er et 5e degrés seulement quand la partie supérieure fait un intervalle de seconde majeure (et mineure *a fortiori*) ; 2° Sur tous les degrés quand la partie supérieure fait un intervalle de seconde mineure.

II. — *Dans les parties intermédiaires.* — 1° Sur tous les degrés quand la partie supérieure fait un intervalle de seconde majeure ; 2° Sur les trois bons degrés quand la partie inférieure fait un intervalle de seconde majeure ; 3° Sur tous les degrés, même avec mouvement disjoint, quand il y a une note commune aux deux accords.

Il est permis de faire *l'octave directe* :

I. — *Dans les parties extrêmes.* — 1° Sur les trois bons degrés seulement quand la partie supérieure fait un intervalle de seconde mineure ascendante ou descendante ; 2° C'est toléré avec réserve sur les trois bons degrés quand la partie supérieure fait un intervalle de seconde majeure descendante à la fin des phrases.

II. — *Dans les parties intermédiaires.* — Sur les trois bons degrés seulement quand, avec un mouvement disjoint, il y a une note commune aux accords.

EXEMPLES :

1° *Parties extrêmes*

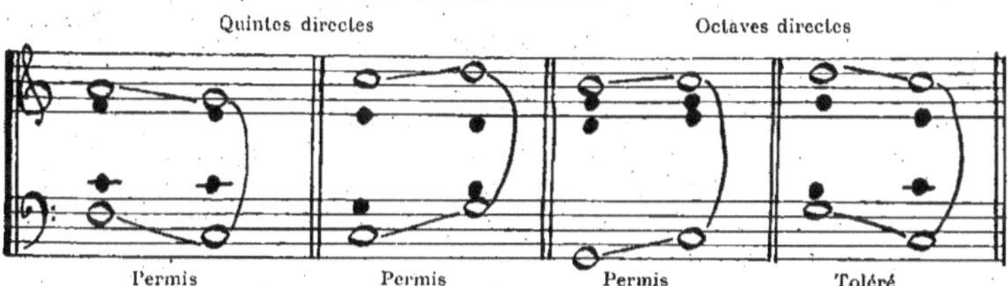

2° *Parties intermédiaires*

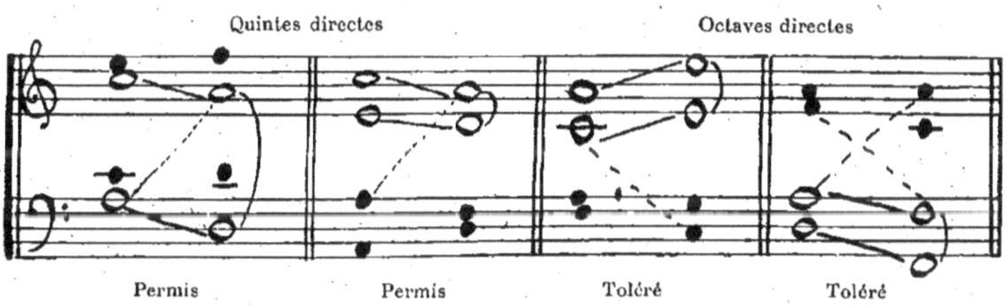

5° *Fausses relations*

RÈGLE. — **La fausse relation de triton (Si-Fa) est défendue entre les parties extrêmes dans l'enchaînement du 5e au 4e degré.** Elle est permise entre les parties intermédiaires.

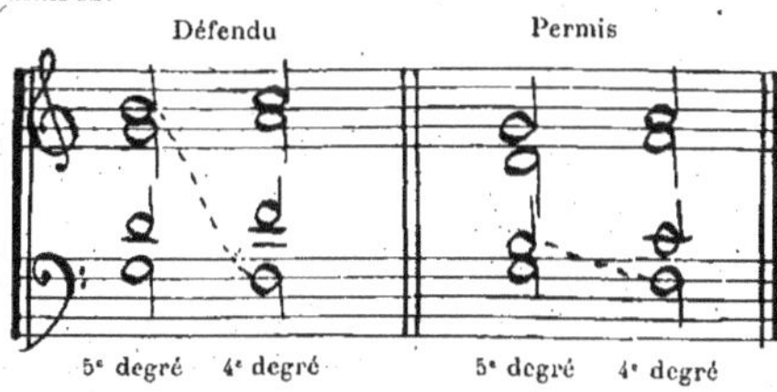

RÈGLE. — **Tout changement chromatique doit s'effectuer dans la même partie.** Quand ce changement chromatique se fait entre deux parties différentes, il est défendu et s'appelle fausse relation d'octave. **La fausse relation d'octave (ou chromatique) est permise seulement entre une partie intermédiaire et la basse.**

Exercices. — Nous donnons ici quelques basses chiffrées que l'élève doit réaliser (comme le n° 1) à quatre parties.

Nota. — L'accident (dièze ou bémol) qui remplace le chiffre 5 aux notes marquées du signe (1) signifie que cet accident affecte la tierce de l'accord. C'est le Ré ♯ au n° 3 et c'est le Sol ♯ au n° 5.

REMARQUES. — 1° *Doublure des notes.* Les meilleures notes à doubler sont la fondamentale, ensuite la quinte et en dernier lieu la tierce. La doublure de la tierce produit ordinairement un effet de dureté. On ne la double que quand on ne peut faire autrement, pour éviter des fautes d'harmonie ;

2º *La sensible* ne doit pas être doublée. Cette note a une tendance naturelle à monter à la tonique, surtout dans le mode mineur. Il faut lui maintenir cette tendance. La sensible, comme toutes les notes importantes, est mieux placée à la partie supérieure ;

3º On *ne doit pas* mettre *entre les trois parties supérieures* une distance *plus grande que l'octave. Mais il est permis de mettre entre le ténor et la basse* une distance *plus grande que l octave.* En général, chercher des positions ni trop larges, ni trop serrées (*in medio stat virtus*) ;

4º *On ne doit pas faire chevaucher les parties l'une sur l'autre,* du moins dans le début des études harmoniques. Cela s'appelle *croisement des parties.*

Nota. — Quand l'élève saura bien écrire l'harmonie, il pourra prendre plus de liberté et se dégager un peu de la rigueur des règles. Dans ses débuts; il devra s'en tenir strictement à leur application. Sous ce rapport, une formation mauvaise ou « d'à peu près » serait déplorable. Les *règles* qui paraissent un peu étroites dans les débuts deviennent, avec l'habitude, un besoin pour le musicien. Elles ont été respectées par les grands maîtres de tous les temps ; elles ont leur raison d'être dans la nécessité de donner de l'unité à toute composition musicale.

Les suites de quinte sont défendues parce que la quinte délimite clairement un ton et que laisser chevaucher sans raison les quintes l'une à côté de l'autre c'est briser l'unité d'un ton établi, c'est écrire une œuvre imprécise et sans forme.

Les suites d'octaves sont défendues parce qu'elles suppriment l'harmonie.

Les quintes et octaves directes ne sont défendues qu'autant qu'elles ne sont pas placées sur les bons degrés qui constituent un ton, ou qu'elles n'ont pas de mouvement conjoint, ou qu'elles n'ont pas de note commune ; ceci est prescrit pour donner plus de coordination et d'unité à une œuvre et pour obtenir une écriture plus serrée et par conséquent plus forte en harmonie.

CHAPITRE IV

Renversements des Accords

Les accords majeurs, mineurs et de quinte diminuée ont chacun deux renversements.

1ᵉʳ *Renversement* = Accord de sixte. C'est la tierce de la fondamentale qui est prise pour basse.

2ᵉ *Renversement* = Accord de quarte et sixte. C'est la quinte de la fondamentale qui est prise pour basse.

Accords majeurs			Accords mineurs			Accords de quinte diminuée		
Parfait	Sixte	Quarte et sixte	Parfait	Sixte	Quarte et sixte	Parfait	Sixte	Quarte et sixte

L'accord de sixte est doux et harmonieux, même lorsqu'il renferme le triton. Il permet d'adoucir les duretés et les imperfections dans les successions d'accords difficiles. Chiffrage : 6.

L'accord de quarte et sixte s'emploie sur les trois bons degrés (1, 5 et 4), rarement sur les autres degrés. Voici sa règle :
La quarte doit être la résultante d'un mouvement oblique, c'est-à-dire qu'elle doit être préparée et résolue. Chiffrage : 6
4

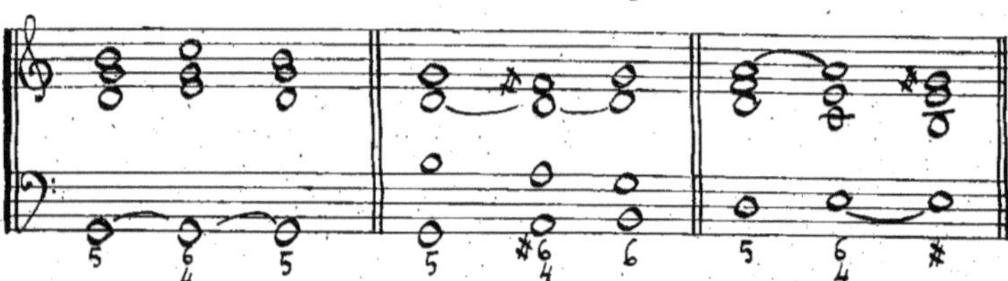

EXCEPTION. — Dans les cadences, il n'est pas nécessaire de préparer la quarte ; mais il faut toujours la résoudre. (Voir ci-après, au chapitre V, *Des cadences*).

Exercices. — Basses à réaliser à trois et à quatre parties :

1° *Sur les accords de sixte.*

2° *Sur les accords de quarte-sixte et de sixte.*

Nota. — La doublure de la note de basse dans l'accord de sixte n'est guère tolérée qu'entre le ténor et la basse. Avec les parties supérieures, cette doublure devient pénible et dure. La meilleure note à doubler dans l'accord de sixte c'est la fondamentale, excepté cependant pour l'accord de quinte diminuée.

CHAPITRE V

Cadences

La cadence est une chute, un repos dans une phrase harmonique.
Il y a différentes sortes de cadences :

1° **Cadence parfaite.** — C'est l'accord de dominante suivi de l'accord de tonique. Cette cadence donne un sens complet, une terminaison achevée à la phrase musicale.

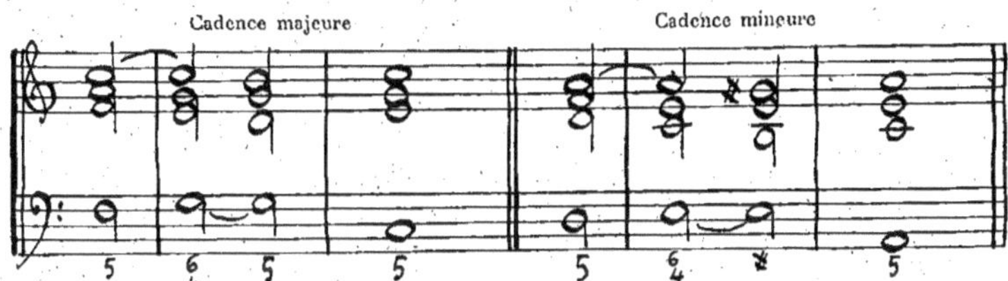

Dans ces exemples, les quartes sont résolues et préparées.

2° **Cadence à la dominante** ou demi-cadence. — C'est un repos sur la dominante portant un accord parfait. Ce repos n'est pas définitif, il ne fait que suspendre la conclusion d'une phrase.

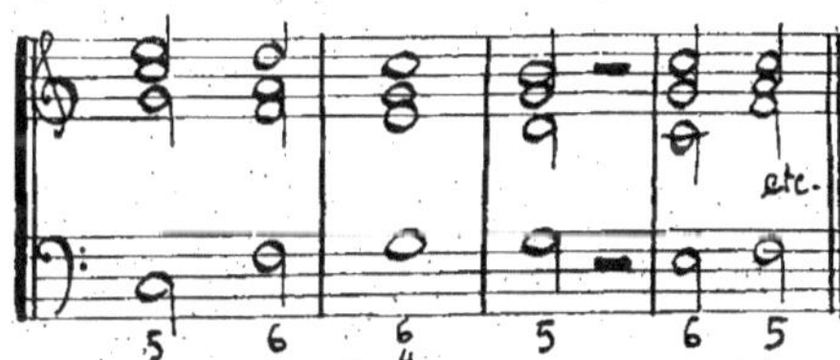

Dans l'exemple ci-dessus la quarte n'est pas préparée (exception prévue pour les cadences).

3° **Cadence imparfaite.** — C'est l'accord de dominante suivi de l'accord de sixte de la tonique.

4° **Cadence rompue ou évitée.** — C'est la cadence parfaite tombant sur un accord autre que celui de tonique (généralement sur l'accord du 6° degré).

Dans ces exemples les quartes ne sont pas préparées, suivant ce qui a été dit à la page 92 (Exception).

5° **Cadence plagale.** — C'est le mouvement du 4° degré (sous-dominante) sur la tonique. Elle s'emploie généralement à la fin d'un morceau.

Exercices sur les cadences. — Basses à réaliser à trois et à quatre parties.

CHAPITRE VI

Manière d'accompagner un chant donné

Premières notions. — Réaliser une harmonie chiffrée sur des bases données est un exercice très utile. Cette réalisation fait apprendre et étudier les lois de l'harmonie avec netteté et précision. Mais ce n'est qu'un acheminement vers l'harmonisation des mélodies, car le but que, dans ses études, tout musicien doit s'efforcer d'atteindre, c'est de réaliser *un accompagnement correct sous un chant donné.*

Comme exercice, nous donnons ici quelques phrases mélodiques très simples et très faciles à harmoniser. Pour cette harmonisation, il est seulement possible de donner des avis de direction, car les règles auraient quelque chose de trop absolu ; il y aura toujours une grande liberté laissée au bon goût de chaque musicien.

AVIS IMPORTANTS. — *Utiliser de préférence les accords des trois bons degrés* (1, 5 et 4). Ces trois degrés sont ceux qui donnent pleinement le sentiment de la tonalité.

Les accords que l'on pourra ensuite utiliser sont ceux des 2e et 6e degrés.

Enfin, en dernier lieu, il sera possible d'utiliser les accords des 3e et 7e degrés.

Mais l'accord du 7e degré ne s'emploiera guère que dans les marches harmoniques, et l'accord du 3e degré dans le mode mineur, ayant un intervalle de quinte augmentée, ne sera utilisé que comme *accord altéré.* (Voir plus loin).

Pour se rendre compte des accords dont nous parlons ici, il faut se reporter à la page 85, où sont donnés les accords formés sur les différents degrés de la gamme majeure ou de la gamme mineure.

Dans l'harmonisation d'un chant donné, l'intérêt musical naît de l'emploi judicieux et du mélange habile des accords de ces divers degrés. Le retour fréquent sur les *meilleurs degrés* donne mieux le sentiment de la tonalité, tandis que l'emploi trop souvent réitéré des autres degrés donnerait une impression de vague et d'imprécis.

Pour *réaliser* comme exercice classique *l'harmonie d'un chant donné, il est nécessaire d'écrire seulement la basse chiffrée sous le chant,* sans écrire les autres parties complémentaires. Il est nécessaire d'observer cette recommandation pour que les corrections du professeur puissent être écrites clairement.

Il faut aussi sur chaque chant donné — comme nous l'avons fait aux exercices 1 et 2 — écrire le ton, les modulations et les cadences.

Exercices pour l'élève. — Les Nos 1 et 2 sont les modèles à imiter.

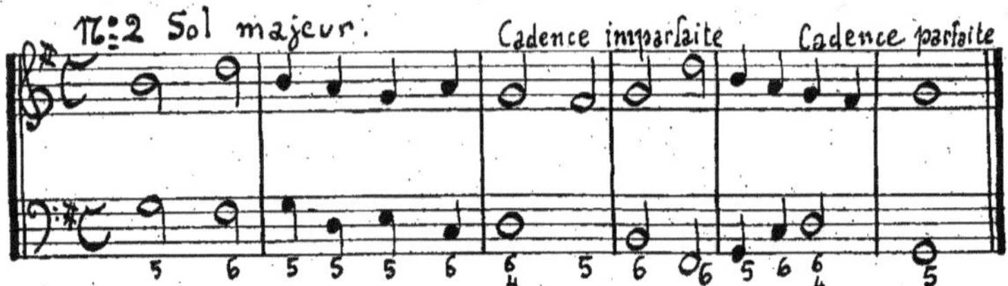

Chants donnés à harmoniser comme les exemples 1 et 2

N° 3

N° 4

N° 5

CHAPITRE VII

Modulations

Moduler, c'est passer d'un ton à un autre. Il y a deux sortes de modulations : 1° Modulation aux tons voisins ; 2° Modulation aux tons éloignés.

1° *Modulation aux tons voisins.* — Chaque ton pris comme ton principal a cinq tons voisins :

(Do majeur, ton principal) : 1. Fa majeur ; 2. La mineur ; 3. Sol majeur ; 4. Ré mineur ; 5. Mi mineur.

(La mineur, ton principal) : 1. Ré mineur ; 2. Do majeur ; 3. Mi mineur ; 4. Fa majeur ; 5. Sol majeur.

Pour moduler aux tons voisins, il suffit de placer l'accord de dominante du ton où l'on va (= cadence parfaite) et faire mouvement sur la tonique.

Exercices sur les cadences et les modulations aux tons voisins. Basses à réaliser.

Inscrire le nom des cadences et le ton de chaque modulation.

2° Modulation aux tons éloignés. — La modulation aux tons éloignés peut se faire par une succession de modulations aux tons voisins. Mais elle se fait surtout par *changement de mode* et par *enharmonie.*

1° Par changement de mode.

Le changement de Mode peut même être supprimé.

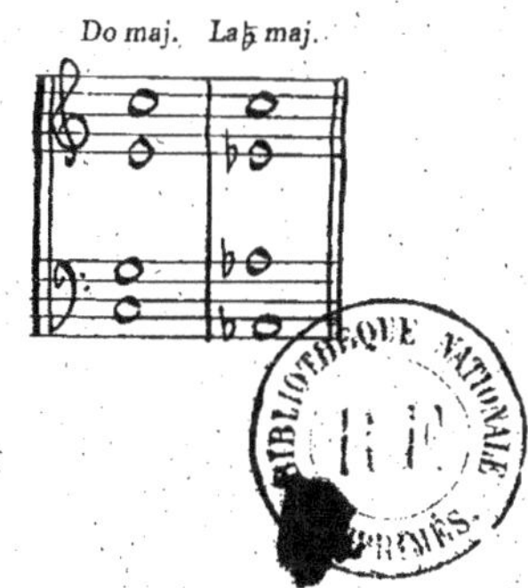

2º *Par enharmonie.* C'est l'emploi des notes synonymes. Exempl. : Do = Si ♮ La ♭ = Sol ♯

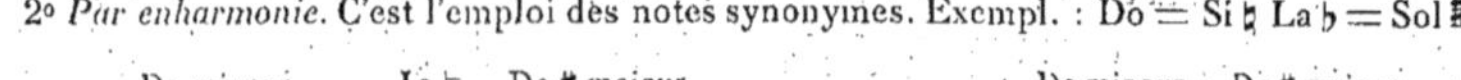

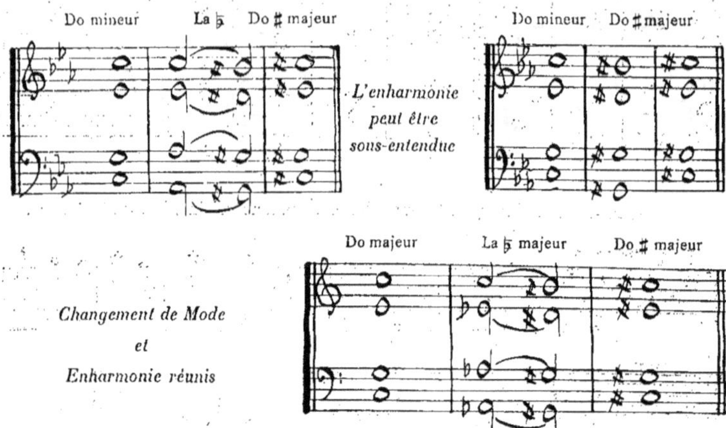

Exercices. — Chants donnés à accompagner par une basse chiffrée.

Modulations aux tons voisins.

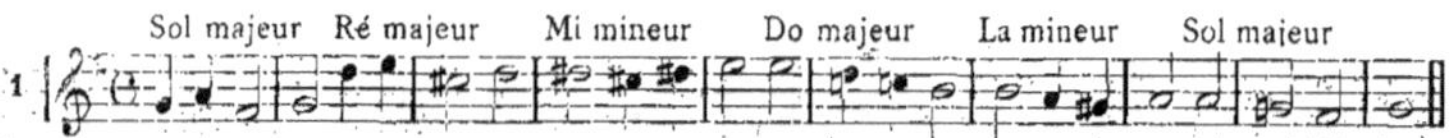

Modulations aux tons éloignés.

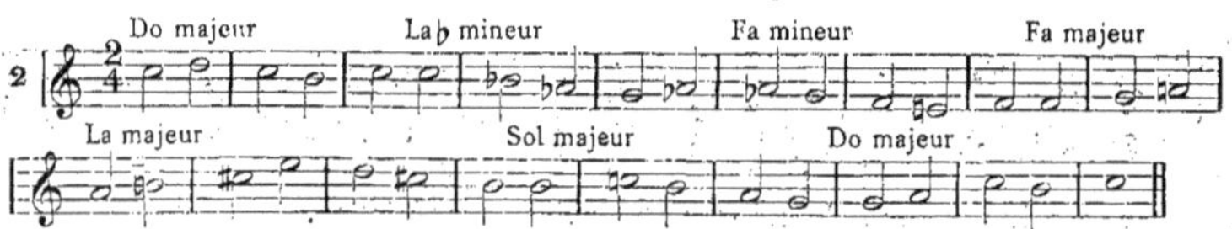

CHAPITRE VIII

Marches harmoniques

Une marche harmonique, c'est la reproduction exacte d'un groupe d'accords à un intervalle supérieur ou inférieur. Le premier groupe s'appelle modèle. Chaque reproduction du modèle s'appelle progression.

Il y a deux sortes de marches : 1º Unitoniques ; 2º Modulantes.

1º Une marche est appelée *unitonique* lorsque dans la progression il n'y a pas de changement de ton. Exemple :

Marche unitonique descendante.

Marche unitonique ascendante.

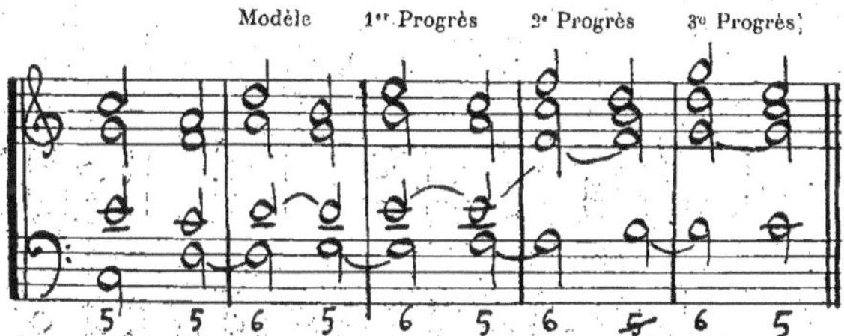

2° Une marche est appelée *modulante* quand il y a changement de ton à chaque progression.

Marche modulante ascendante.

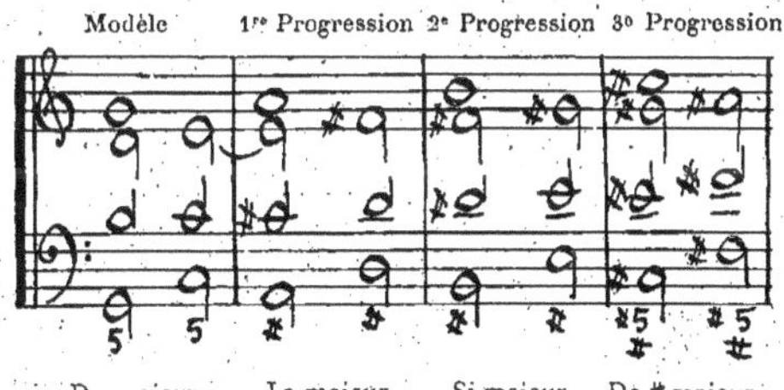

REMARQUES. — L'harmonie du modèle doit s'appliquer rigoureusement telle quelle à chaque progression. Le degré sur lequel la marche expire redevient tonique. La symétrie doit exister entre toutes les parties.

Exercices. — Basses à réaliser.

Marches unitoniques.

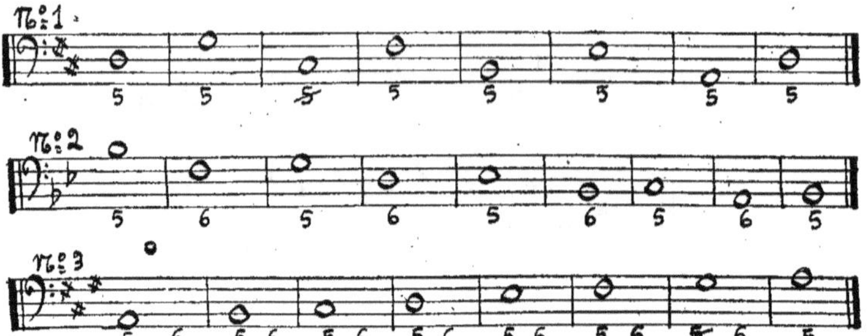

Marches modulantes.

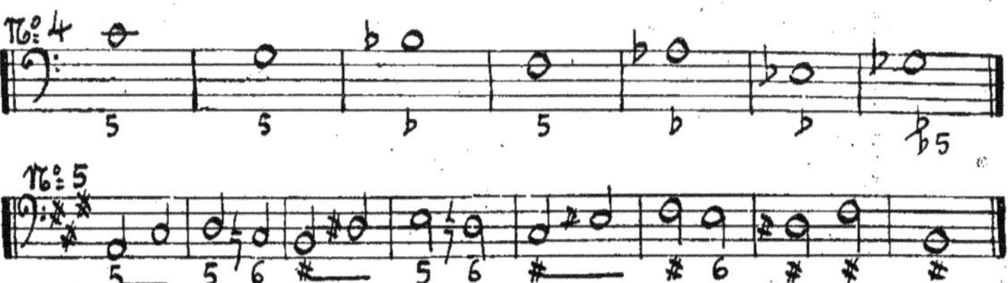

DEUXIÈME PARTIE

HARMONIE DISSONANTE

CHAPITRE PREMIER

Accord de Septième de Dominante

Cet accord est composé de l'accord parfait de la dominante auquel on a ajouté une tierce mineure qui fait septième avec la basse. Exemple :

Accord à l'état d'origine

Il se chiffre 7. Le 7 indique la note qui fait une septième avec la fondamentale. La croix (+) indique la note sensible ou tierce de la fondamentale. Cet accord ne peut se placer que sur la dominante (5ᵉ degré). Il donne aux cadences un sens de repos plus absolu. Exemple :

Exercice. — Réaliser des cadences semblables dans tous les tons majeurs et mineurs.

Dans l'accord de septième de dominante, il y a deux notes qui ont *une marche forcée* : La *tierce* de la fondamentale appelée *sensible doit monter à la tonique* et la *septième doit descendre d'un degré*. Exemple :

Les notes dont *la marche est forcée* ne peuvent être *doublées*, parce que leur résolution produirait deux octaves. Exemple :

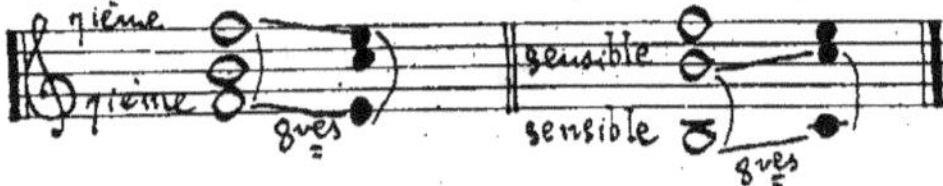

La *fondamentale* de l'accord de 7 étant la *dominante* du ton doit faire sa résolution régulière *sur la tonique*. Elle est ainsi (quoique moins nécessairement) une note à *marche forcée*.

REMARQUE.— Avant sa résolution, la dissonance peut passer sur d'autres notes de l'accord pourvu que la résolution soit faite régulièrement. Exemple :

Résolutions exceptionnelles. — Au lieu de se résoudre régulièrement, la septième et la sensible peuvent : 1° rester *immobiles*, c'est-à-dire faire partie de l'accord suivant. Exemple :

2° Ou bien peuvent se résoudre *chromatiquement* en changeant d'un demi-ton. Exemple :

3° Ou bien (ce qui est rare) peuvent se résoudre *enharmoniquement* en changeant d'armature. Exemple :

4° On peut aussi placer parmi les résolutions exceptionnelles la résolution (exceptionnelle) de la fondamentale sur le 6ᵉ degré ou sur le demi-ton chromatique conjoint. (C'est ce qui se pratique dans les cadences rompues). Exemples :

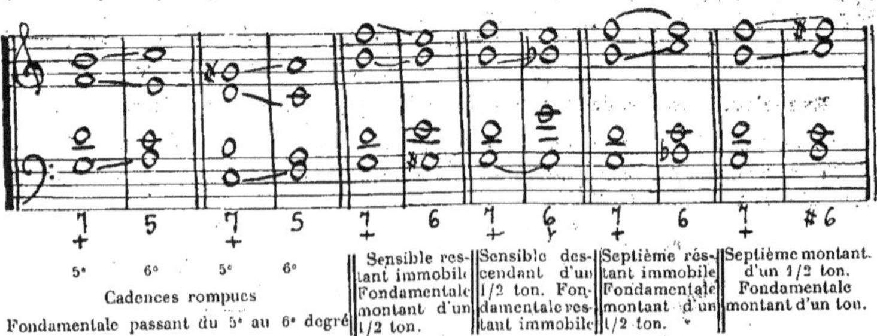

La résolution de la septième dans la cadence imparfaite (résolution sur l'accord de sixte de la tonique) n'est pas pratiquée parce qu'elle entraîne une octave directe défendue en style classique pour les accords dissonants, même entre parties intermédiaires. Exemple :

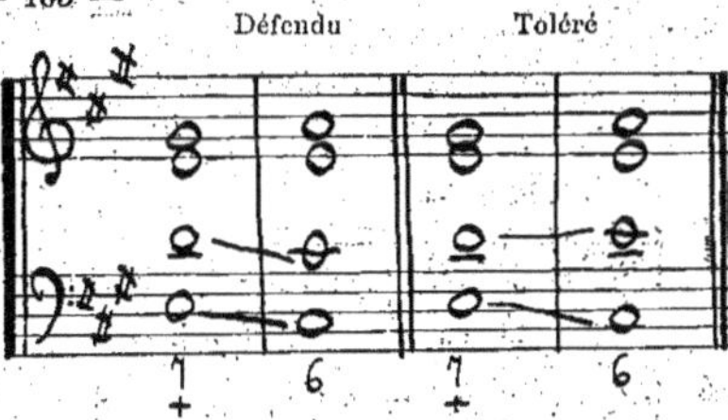

Renversements de l'accord de septième de dominante. — L'accord de septième de dominante peut avoir trois renversements, selon que chacune de ses notes est placée à la basse.

Le chiffrage de ces accords est 6 pour le 1ᵉʳ renversement ;
-5-

+ 6 pour le 2ᵉ renversement.

et + 4 pour le 3ᵉ renversement.

Leur résolution (voir exemple précédent) s'opère d'après les règles énoncées pour l'accord de septième à l'état direct (pages 101-102). La sensible monte à la tonique et la septième descend d'un degré.

Exercices. — Réaliser la basse suivante, puis la transposer dans plusieurs tons.

Réaliser les basses suivantes :

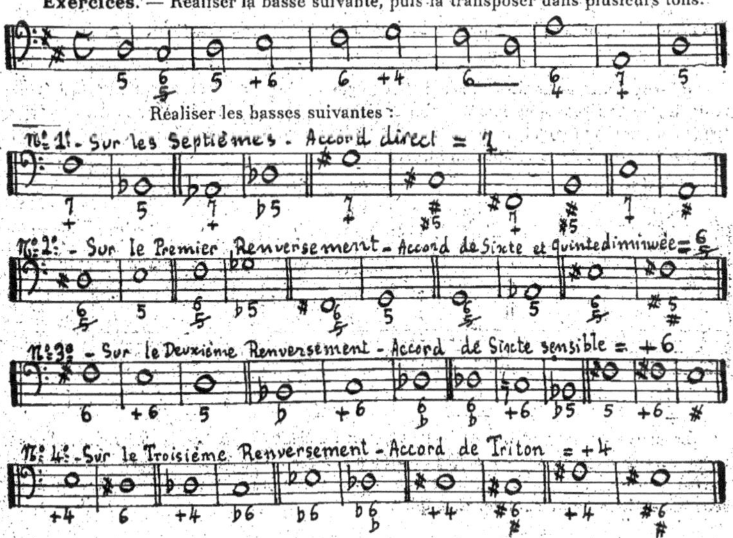

Chants donnés à réaliser avec basse chiffrée sur les septièmes de dominantes
et leurs renversements.

CHAPITRE II

Accord de Neuvième de Dominante

Cet accord est composé de l'accord de septième de dominante auquel on ajoute une tierce (majeure ou mineure selon le mode) faisant un intervalle de neuvième avec la basse. Exemple :

Cet accord ne peut se placer que sur la dominante (5ᵉ degré). Il est chiffré : 9
7
-|-

Résolution. — La dissonance de neuvième se résout en descendant d'un degré. Le reste de l'accord se résout comme celui de l'accord de septième de dominante. (La septième descend d'un degré, la sensible monte à la tonique). La neuvième peut se résoudre avant les autres notes à résolution forcée.

Accord de Neuvième majeure

Accord de Neuvième mineure

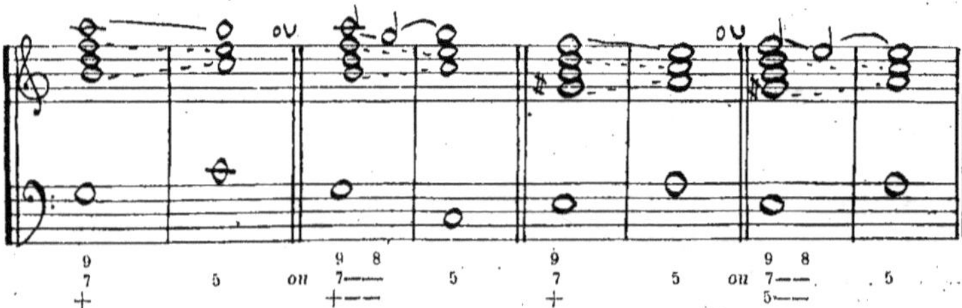

La neuvième, la septième et la sensible ne peuvent *jamais être doublées*, puisque ces notes ont une *marche contrainte*. Généralement, *la quinte* de cet accord est *supprimée*, ce qui laisse quatre notes à l'accord. La neuvième doit toujours être placée au-dessus de la sensible et de la fondamentale. Exemple :

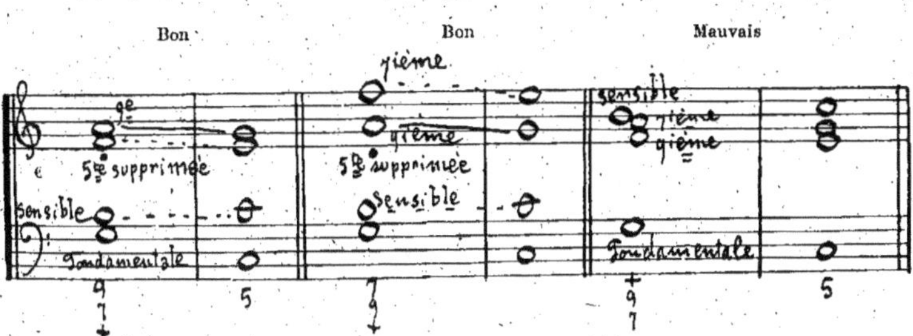

Renversements. — Les renversements de l'accord de neuvième de dominante avec fondamentale suivent les mêmes règles que l'accord non renversé. Le quatrième renversement n'est pas admis.

Exercices. — Réaliser les basses suivantes : (Indiquer le ton).

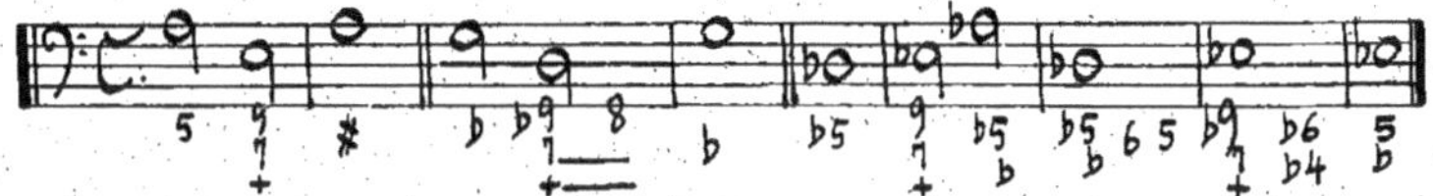

Chants donnés sur les Neuvièmes.

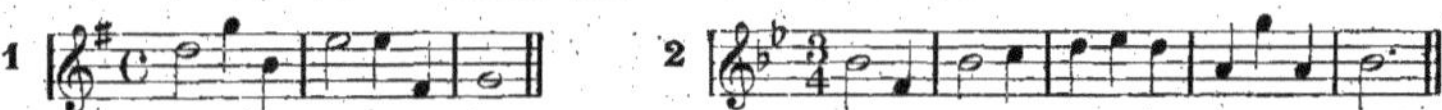

CHAPITRE III

Accords de Septième de Sensible et de Septième diminuée

dont l'origine se trouve dans les accords de Neuvième de Dominante

Pour obtenir ces accords, il suffit d'enlever la note fondamentale à l'accord de neuvième de dominante. Dans le mode majeur il s'appelle septième de sensible. Dans le mode mineur il s'appelle septième diminuée.

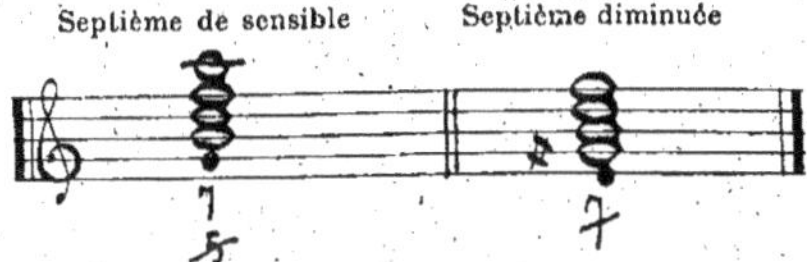

Résolution de ces accords. — Leur résolution se fait comme pour l'accord de neuvième. La septième et la quinte descendent d'un degré, la sensible (qui est la basse) monte à la tonique.

L'accord de septième diminuée est employé aussi bien dans le mode majeur que dans le mode mineur. Cet accord se prête particulièrement bien à la modulation en favorisant de nombreuses résolutions exceptionnelles. Exemple :

Réaliser à quatre parties. Désigner la tonalité.

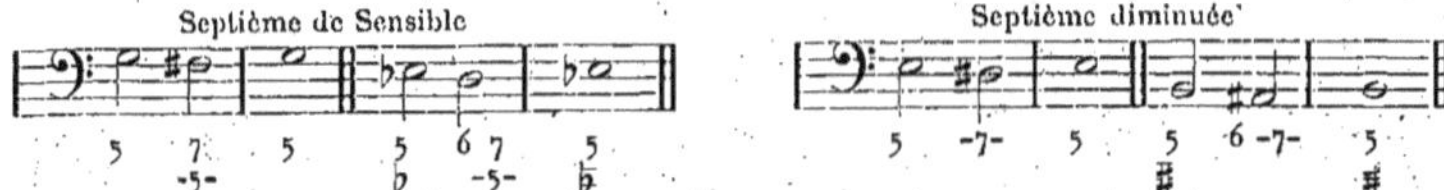

Renversements. — Les renversements des accords de septième de sensible et de septième diminuée suivent les mêmes règles que ces accords à l'état direct. Exemples :

Septième de Sensible

Septième diminuée

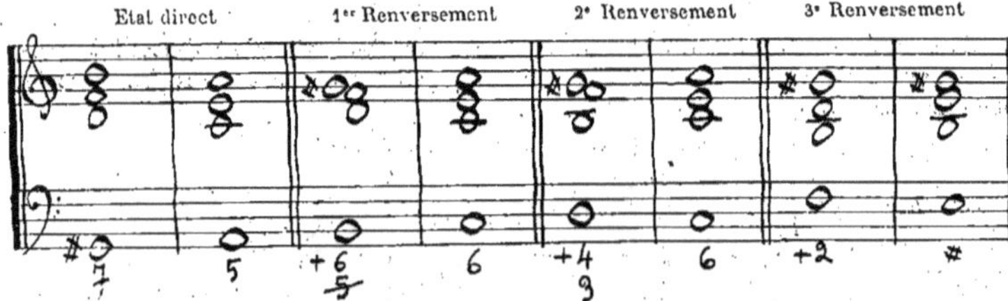

Nota. — Ces accords s'emploient en lieu et place de l'accord de septième de dominante et de ses renversements. — *Basses à réaliser :*

Chants donnés à réaliser : 1° Sur les septièmes de sensible.

2° Sur les septièmes diminuées (Marche modulante).

CHAPITRE IV

Accords de Septième par analogie

Nous citons ici les accords de septième usités en style classique et placés sur les degrés de la gamme autres que le 5e degré (dominante).

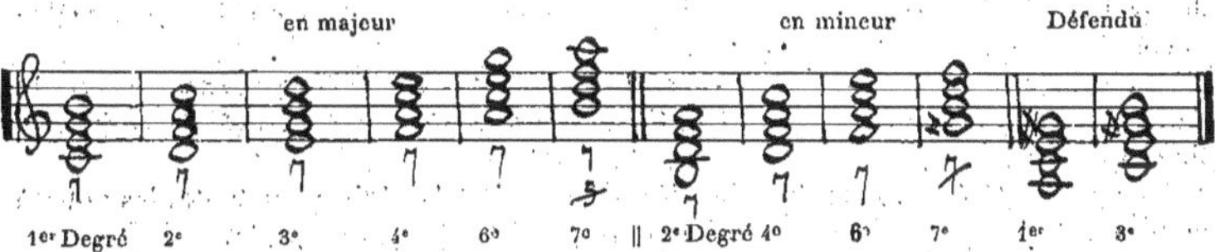

Les accords de septième placés sur les 1er et 3e degrés mineurs et marqués *défendus*, sont inadmissibles à cause de leur grande dureté. Cependant, on peut les utiliser comme altérations. (Voir le chapitre suivant).

Le 7e degré majeur est identique à l'accord de septième de sensible et le 7e degré mineur est identique à l'accord de septième diminuée. Ces accords doivent tous avoir leur note dissonante préparée. Ils sont chiffrés de la même manière par le chiffre 7 et sont utilisés ordinairement dans les marches harmoniques. Exemples :

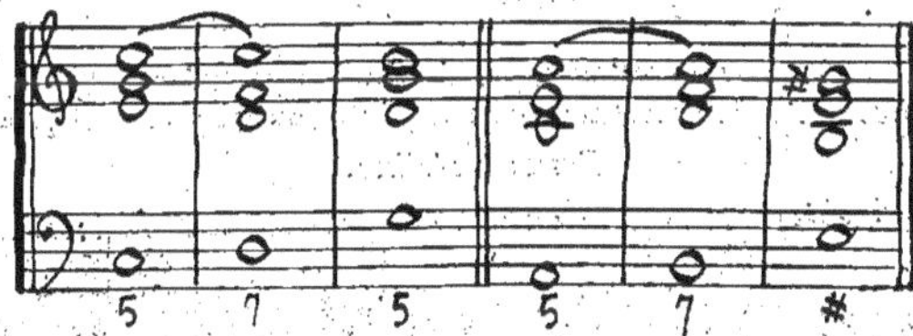

Basse à réaliser. — Marche de Septième.

CHAPITRE V

Altérations et Accords altérés

L'altération, en général, consiste à élever ou abaisser d'un demi-ton chromatique les notes de la mélodie (altération mélodique) ou les notes d'un accord (altération harmonique). On l'appelle ascendante ou descendante suivant que le changement chromatique se fait en montant ou en descendant.

Exemple d'altération mélodique.

Nous ne nous occuperons pas ici de l'altération mélodique. Elle est utilisée dans les notes essentiellement mélodiques. (Voir pages 113 et 114).

ACCORDS ALTÉRÉS. — On entend par accords altérés tous ceux dont *la tierce est majeure* et dont la quinte a été altérée par un changement chromatique, soit ascendant, soit descendant. L'accord altéré suppose des valeurs longues, tandis que l'altération mélodique n'utilise que des valeurs brèves.

RÈGLE DES ACCORDS ALTÉRÉS. — **Toute note altérée doit se résoudre sur le demi-ton supérieur** (altération ascendante) **ou sur le demi-ton inférieur** (altération descendante).

La note altérée ne peut être doublée puisque c'est la règle pour toutes les notes à mouvement résolutif obligatoire. Ordinairement l'altération est préparée.

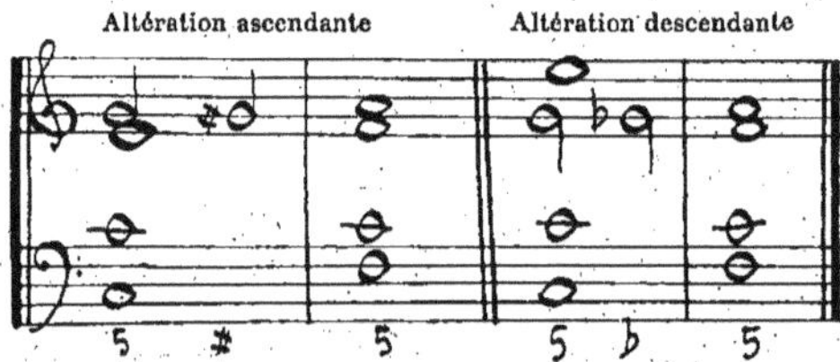

REMARQUE. — Dans un accord mineur, l'altération ascendante de la quinte donne l'accord de sixte et l'altération descendante de la quinte donne l'accord de quinte diminuée.

Basses à réaliser.

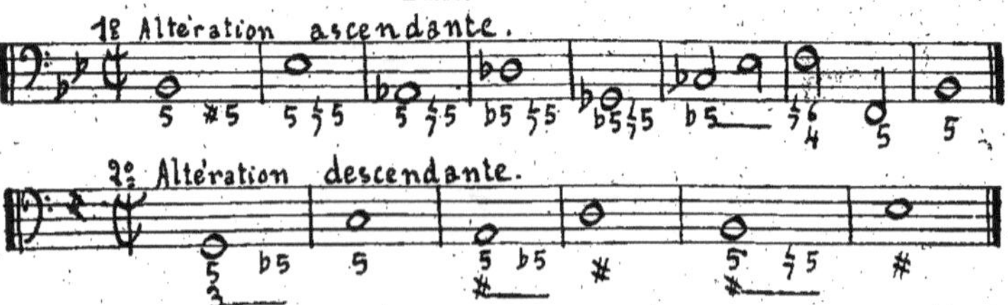

CHAPITRE VI

Accord de Sixte augmentée

Les accords altérés ont des renversements. L'un des plus usités est celui que l'on nomme Accord de Sixte augmentée. Cet accord se compose d'une tierce majeure et d'une sixte augmentée. Il est le résultat de l'altération descendante de la quinte dans le deuxième renversement de l'accord de septième dominante.

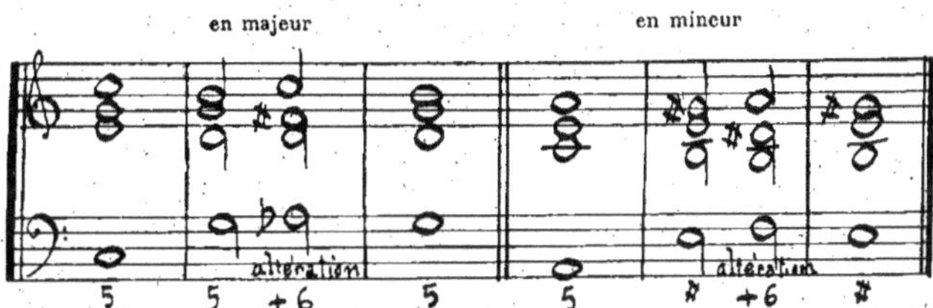

Il y a plusieurs autres agrégations de notes qui renferment l'intervalle de sixte augmentée. Leur emploi et leur résolution sont les mêmes.

Basses à réaliser.

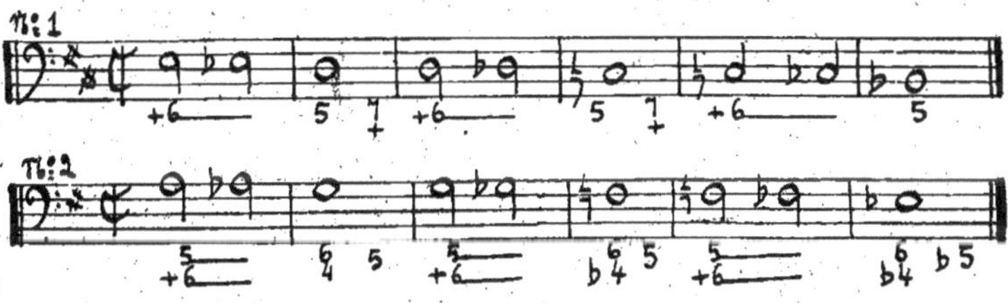

Chant donné sur les altérations.

TROISIÈME PARTIE

NOTES ÉTRANGÈRES A L'HARMONIE

CHAPITRE PREMIER

Retards ou suspensions

On peut retarder (suspendre) une note d'un accord par une note de l'accord qui précède. Le retard doit être préparé, puis il descend ou monte d'un degré.

La durée de la préparation doit égaler la durée du retard. Le retard ou suspension est placé généralement au temps fort.

Le retard doit déterminer une dissonance de septième ou de seconde.

On ne retarde que les notes qui n'exigent point de préparation, c'est-à-dire : la tierce, la fondamentale, la sixte et la sensible.

Dans les accords parfaits on retarde généralement la tierce ou la fondamentale. Dans les accords de sixte on retarde la sixte ou la fondamentale. Dans les accords de septième on retarde la tierce de la fondamentale et quelquefois la sensible.

Le retard inférieur est moins pratiqué, il est plus délicat à traiter que le retard supérieur.

Il y a des *retards simultanés* doubles, triples, etc., suivant le nombre de notes retardées. Le retard triple est très connu sous le nom *d'accord sur tonique*. Exemple :

Exercices. — Basses à réaliser sur les retards supérieurs.

CHAPITRE II

Pédales

La pédale est une note prolongée durant la succession de plusieurs accords qui peuvent être étrangers à cette note, excepté l'accord qui commence et l'accord qui finit.

La pédale est le plus souvent placée à la basse, mais elle peut être placée dans l'intérieur des parties (pédale intérieure) ou au chant (pédale supérieure).

L'enchaînement des accords placés sur une pédale doit être correct, abstraction faite de cette pédale. C'est la partie la plus rapprochée de la pédale qui sert de basse aux parties supérieures. La note qui forme pédale ne peut être que tonique ou dominante du ton établi.

Pédale inférieure.

Pédale supérieure.

Pédale intérieure.

Il y a parfois double pédale. Exemple : *Noël harmonisé.*

Exercice. — Basse à réaliser sur pédale inférieure.

CHAPITRE III

Notes essentiellement mélodiques ou d'ornement

REMARQUE GÉNÉRALE. — La réalisation de l'harmonie dans les différentes notes d'ornement doit être correcte, abstraction faite des notes mélodiques.

Les notes mélodiques peuvent être altérées sans occasionner aucun changement d'harmonie. Ces notes d'ornement sont toutes écrites en valeurs brèves. Quand elles sont écrites en valeurs longues elles doivent être analysées comme artifices d'harmonie. Les notes mélodiques ou notes d'ornement sont : l'appoggiature, l'anticipation, l'échappée, les notes de passage et les broderies.

1° *L'appoggiature* est un ornement qui précède sa note principale *(appoggiare,* appuyer). Elle se place ordinairement sur le temps fort. On peut la pratiquer dans toutes les parties.

Il y a des appoggiatures doubles, triples et quadruples comme il y a des retards doubles, triples, etc,

Exercices.— Introduire des appoggiatures dans les exercices des pages 103 et 104.

2° *Anticipation et échappée.* — On peut faire entendre (anticiper) une note avant l'accord dont elle fait partie. L'anticipation est *directe* lorsque la note qui anticipe est la même que celle dont elle est suivie. Elle est *indirecte* et se nomme *échappée* quand la note d'anticipation est différente de celle qui lui succède.

L'anticipation fait nécessairement partie de l'accord suivant. L'échappée n'en fait pas nécessairement partie. L'anticipation et l'échappée ne se pratiquent qu'en valeurs brèves et sur un temps faible. Elles peuvent se placer à la basse. On peut anticiper plusieurs notes à la fois.

Exercice. — Introduire des anticipations et des échappées dans la marche de la page 107.

3° *Notes de passage et broderies.* — Les notes de passage sont des notes étrangères à l'harmonie et que l'on place entre les notes essentielles de l'accord et par mouvement conjoint.

1° *Chant avec notes essentielles.*   2° *Le même, avec notes de passage*

Quand la note de passage revient à la même note répétée, on l'appelle broderie. Le *grupetto* ⁒ et le *trille* sont aussi des broderies.

Les notes de passage et broderies doivent tomber sur les temps faibles ou sur la partie faible des temps. Elles ne doivent pas occasionner de fautes d'harmonie. Pour s'en rendre compte, il suffit de les supprimer et de contrôler l'harmonie avec les notes essentielles. On les place dans toutes les parties.

Exercices. — Introduire des notes de passage et des broderies dans les exercices des pages 90, 92, 94, etc. (Tous les exercices d'harmonie qui précèdent peuvent servir de thème où l'on pourra introduire des notes essentiellement mélodiques).

QUATRIÈME PARTIE

ACCOMPAGNEMENT DES MÉLODIES MODERNES

CHAPITRE PREMIER

Notions préliminaires

Pour compléter tout ce qui a été exposé dans ce résumé d'harmonie classique, nous donnons quelques conseils plus détaillés sur la meilleure manière d'appliquer cette harmonie aux mélodies modernes destinées à être chantées dans les églises.

Pour accompagner une mélodie il faut d'abord *reconnaître le ton principal* dans lequel le compositeur l'a écrite. La meilleure méthode pour reconnaître le ton, c'est de bien savoir toutes les gammes majeures et mineures, connaître de plus les cadences parfaites de chaque ton majeur et mineur. Voici cependant une manière empirique de reconnaître le ton d'après les accidents écrits à la clef.

1° *Pour les tons majeurs.* — Quand il y a une armature de dièzes à la clef, la tonique est placée à un demi-ton au-dessus du dernier dièze posé. Exemple : deux dièzes à la clef : Fa ♯ et Do ♯. C'est Do ♯ dernier posé, donc c'est le ton de Ré majeur qui est placé 1/2 ton plus haut que Do ♯. Le morceau est écrit en Ré majeur.

Quand il y a une armature de bémols à la clef, la tonique est à une quinte au-dessus du dernier bémol posé. Exemple : trois bémols à la clef : Si ♭, Mi ♭, La ♭. C'est La ♭ dernier posé, donc c'est le ton de Mi ♭ qui est placé à une quinte plus bas que La ♭. Ce morceau est écrit en Mi ♭ majeur.

2° *Pour les tons mineurs.* — Le ton mineur (variante du majeur) se trouve toujours placé à une tierce mineure au-dessous de la tonique majeure. Le ton mineur relatif a la même armature que le majeur d'où il procède et se reconnaît à sa note sensible qui est toujours affectée d'un accident et que l'on doit rencontrer dans les premières mesures du morceau. Exemple :

3 dièzes. On peut être dans le ton de La majeur ou, une tierce mineure plus bas, dans le ton de Fa ♯ mineur. Dans ce cas, il y aura dans les premières mesures la note sensible Mi ♯.

Exemple d'un chant en Fa ♯ mineur  etc.

CHAPITRE II

Du chant donné

Un chant est une succession de notes formant mélodie. Il est appelé ainsi quand, au lieu de la basse, c'est la partie supérieure qui est proposée pour être harmonisée.

Comme le discours, une mélodie est composée de phrases. Les phrases sont séparées les unes des autres par les cadences. Les cadences sont en quelque sorte la ponctuation du discours musical.

Les phrases qui contiennent 2, 4, 8, 12 et 16 mesures s'appellent phrases carrées. Mais il existe beaucoup de phrases mélodiques dont le nombre des mesures n'est pas régulier. Ordinairement, à une première phrase nommée antécédent, succède une deuxième phrase appelée conséquent. Exemple tiré du cantique *Je suis chrétien* :

Première phrase. — Antécédent.

Deuxième phrase. — Conséquent.

La cadence parfaite doit servir de conclusion à la phrase finale. La demi-cadence, les cadences imparfaite et rompue s'emploient dans les finales secondaires. On doit entremêler avec goût les cadences pour obtenir de la variété.

Exemple : Extrait d'un choral de Bach.

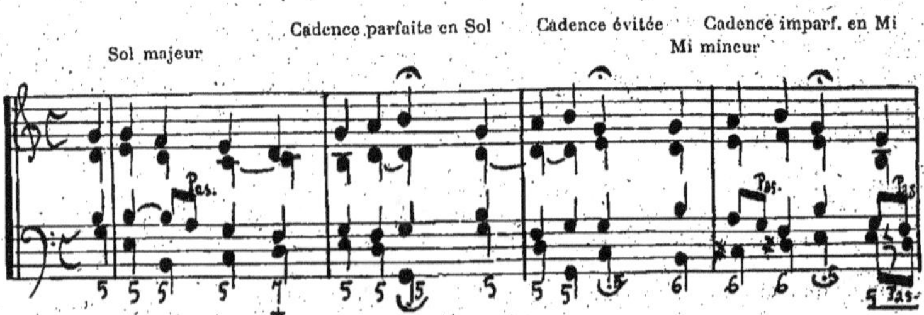

CHAPITRE III

Harmonisation du chant donné

Selon le caractère de la mélodie, le chant peut être accompagné : *soit par une harmonie serrée* (un accord pour chaque note) (Voir le choral précédent), *soit par une harmonie espacée* (un accord pour un groupe de notes). Exemple :

Place des accords. — Les accords des 1ᵉʳ, 5ᵉ et 4ᵉ degrés doivent être utilisés de préférence. Les accords des 6ᵉ et 2ᵉ degrés doivent être utilisés secondairement.

L'accord de septième dominante et ses renversements seront utilisés pour les cadences.

Les accords de neuvième et renversements, septième de sensible, septième diminuée, septième par analogie, sixte augmentée, etc., sont des éléments de variété dans la succession des accords.

Les accords se placent autant que possible sur *les temps forts* ou sur les *parties fortes* des temps.

Dans la mesure à 2/4 et à 3/4, le temps fort est le premier de la mesure.

Dans la mesure à quatre temps, les temps forts sont les 1ᵉʳ et 3ᵉ de chaque mesure.

Dans les mesures à 6/8, 9/8, 12/8, le temps fort coïncide généralement avec la première note du triolet.

CHAPITRE IV

Analyse des mélodies

Il sera très utile de se conformer à la méthode suivante, au moins dans les débuts :

1º Chercher le ton (majeur ou mineur) et déterminer la place des bons degrés (ce sont les 1er, 5e et 4e);

2º Désigner à l'avance les finales ou cadences et les chiffrer ;

3º Chercher les modulations ;

4º Déterminer les notes étrangères à l'harmonie et ornements mélodiques. Écrire ainsi : notes de passage (P), broderies (b), appoggiatures (ap), anticipations (an), échappées (éch). Puis les retards (r) et les pédales (péd);

5º Enfin, écrire le chiffrage, puis la basse en clef de Fa sous le chant donné.

Dans l'exemple suivant, le *chant donné* est un peu surchargé et touffu, parce que nous avons voulu y placer en raccourci tous les ornements mélodiques; mais dans la pratique, les mélodies à harmoniser sont bien moins chargées d'ornements.

Remarques importantes. — Il faut établir la *tonalité* le plus tôt possible par l'accord de dominante.

Il est peu classique de commencer par une quinte à la partie supérieure.

Surveiller les enchaînements d'accords et éviter *les fautes d'harmonie* (Voir pages 86 à 91). N'utiliser que modérément les 6 et dans les cas suivants seulement :
4

1° *Quarte et sixte d'accentuation* qui est placée au temps fort dans les cadences finales et les cadences de modulation ;

2° *Quarte et sixte de passage* qui est placée au milieu d'un mouvement conjoint, au temps faible ou partie faible du temps.

En terminant ce trop court résumé d'harmonie classique, nous rappelons *qu'il faut écrire* beaucoup d'accompagnements pour pouvoir ensuite *les improviser correctement.*

Ce travail d'écriture musicale, loin de retarder ou de ralentir *le talent* propre à chacun, ne fera au contraire que le développer et lui donner des assises plus fortes et plus solides. Est-ce un travail rebutant et ingrat ? Non. Il est au contraire capable de donner des jouissances élevées ; il a même une grande portée morale, car ce travail est un excellent exercice de la *volonté*. Que ceux qui veulent en recueillir les fruits savoureux n'hésitent pas, la récompense couronnera leurs efforts.

CONCLUSION

Il faut donner au peuple chrétien le goût des mélodies liturgiques et de la bonne musique (¹)

De tout temps l'Eglise a cherché à opérer le bien des âmes par les moyens légitimes placés à sa disposition. « Conquérante par mission, dit M. l'abbé Guibert, elle va droit aux âmes ; car sur les âmes doit s'exercer son empire. C'est pourquoi elle cherche à saisir leur attention, à gagner leurs sentiments, à retenir leur volonté ; il faut qu'elle s'en fasse écouter, qu'elle les touche, qu'elle s'en empare, qu'elle les sauve (²). » Fondée par le Christ avec mission spéciale d'enseigner le peuple : *docete omnes gentes*, l'Eglise a toujours fait preuve d'une profonde connaissance de l'âme humaine. Elle sait bien que l'on n'atteint pas directement les âmes. « Ceux qui tentent de leur parler sans intermédiaire, par des abstractions ou des formules générales, ou bien n'en sont pas compris, ou bien ne peuvent fixer leur attention. L'âme ne se livre qu'à ceux qui la traitent suivant sa condition. Or, dans la condition présente, elle est intimément liée à l'organisme : elle a épousé une chair sensible ; elle est répandue dans tous nos membres qu'elle anime de son souffle ; et c'est par nos sens qu'elle entre en commerce avec le monde extérieur (³). »

Nous sommes donc tributaires de nos sens ; et notre volonté ne devient active le plus souvent que poussée par les influences du monde extérieur, par les mouvements imprimés à la sensibilité. La vue, la perception du bien par notre intelligence seule nous laisse ordinairement froids et inactifs. Vienne alors un mouvement sensible ou passionnel agissant sur notre volonté, déterminant notre âme à l'action, et nous voilà lancés à la poursuite de l'idéal.

Les arts ont précisément ce pouvoir d'agir efficacement sur les sens, et par eux d'actionner la volonté. C'est pour cette raison que l'Eglise a utilisé et encouragé de tout temps la pratique des arts dans l'exercice du culte chrétien. Plus spécialement elle a attribué à la musique sacrée une place importante dans sa liturgie. La musique n'est-elle pas de tous les arts celui qui est le plus facilement compris par les simples et les ignorants ? « Les arts qui revêtent une expression sonore sont les plus agissants (⁴). » Les vers d'une tragédie héroïque déclamés avec âme par un grand artiste, les paroles vibrantes et enflammées sorties de la bouche d'un puissant orateur, les éclats joyeux d'une fanfare conduisant les soldats à la victoire, tout cela est capable de soulever d'enthousiasme même un peuple inculte et grossier. Toute mélodie claire, bien phrasée, bien coulée, se déroulant sur un rythme modéré, détermine immédiatement dans l'âme une sensation de bonheur et de sérénité. La réflexion, la prière suivent facilement cette sensation.

(1) Extrait de « L'enseignement populaire du chant grégorien et de la musique polyphonique religieuse », par l'Abbé H. Tissot. *Revue du Chant grégorien*, 22, rue du Lycée, Grenoble.
(2) *L'art religieux et le chant grégorien*, discours prononcé au petit séminaire de Versailles, p. 5. *Revue du Chant grégorien*, X, 108.
(3) J. Guibert, *ibid*.
(4) J. Guibert, *ibid*., p. 7. *Revue*, X, 110.

Ne sont-ce pas les effets produits en nous par les divines mélopées du Moyen-Age ? Ces ondulations légères des neumes de l'*Alleluia*, ces pieuses invocations de l'introït, ces supplications répétées du *Kyrie*, ces chants de joie du *Gloria*, ces accents de foi sincère du *Credo*, et enfin la magnifique poésie du chant des psaumes, tout cela donne l'idée de la beauté calme et sereine. A les écouter l'âme du peuple se repose ; elle pense à Dieu, au bonheur éternel ; elle prie facilement, entraînée par les sens en admiration. Mais encore faut-il que l'exécution d'un tel chant soit à peu près irréprochable, qu'elle soit conforme à l'idée que les paroles expriment. Certainement les raffinements de l'art théâtral ne sont pas nécessaires. Tout au contraire, ils seraient déplacés dans le lieu saint. Les variations multiples, les changements de ton et de rythme si nombreux dans la musique passionnelle, les éclats de voix, les alanguissements de la parole tels qu'ils se pratiquent sur la scène des théâtres contemporains sont propres à exagérer la sensibilité, à soulever des passions violentes, à « empoisonner les sens en y provoquant le goût et le besoin d'impression excessives (1). »

Dans le temple de Dieu, au contraire, c'est la piété et le recueillement que le chant doit exprimer. Les voix devront être graves et douces ; elles n'utiliseront pas les moyens forcés de l'art théâtral.

Cependant le chant sacré devra exprimer quelque chose, il devra parler aux sens. « C'est un son ; il est fait pour l'oreille. C'est une mélodie qui se déroule. Il veut plaire et charmer. Telle est sa mission ; ne la lui enlevez pas. Dès qu'il cesse de flatter le sens, il n'est plus lui-même, il n'atteint plus sa fin. Vous me direz qu'il est le véhicule du mot, que par ses notes la phrase liturgique porte dans l'âme la pensée religieuse. Sans doute ; mais dès qu'à la phrase vous superposez le chant, vous traduisez la phrase dans une langue nouvelle, et si la traduction est bonne, c'est elle qui retient l'attention. En écoutant la mélodie, vous suivez la pensée, vous entrez dans le sentiment, et pourtant vous oubliez les mots : oui les mots disparaissent, et cependant leur effet grandit. La phrase peut même s'effacer tout à fait, comme dans les longues vocalises de nos *alleluias*, et l'âme écoute toujours la même pensée, parce que la musique qui charme l'oreille ne cesse pas de la traduire (2). » Telles sont les idées qui doivent nous guider dans l'interprétation du chant sacré. Il faut que les voix inspirent la piété et non la passion ; la calme tranquilité d'une âme innocente, et non les ivresses d'un cœur perverti. Cette interprétation nous a été léguée par les âges de foi, par le Moyen-Age. Oubliée pendant de longs siècles, elle peut revivre à présent, grâce aux savantes recherches des moines bénédictins.

La mélodie grégorienne nous vient du latin et de sa prononciation, elle est le développement, l'amplification des prières liturgiques ; chanter comme on parle, ou plutôt chanter comme on prie, telle sera la grande règle. Tous peuvent saisir facilement la beauté de ce chant qui est le développement de la phrase parlée ; il aspirera en quelque sorte le parfum d'encens qui se dégage d'une mélodie si pleine de prière.

La comparaison de Gui d'Arezzo assimilant les notes aux lettres, les mots aux groupes de notes, les périodes neumatiques aux phrases du discours devient une réalité dans le chant grégorien. Oui, chaque note, chaque groupe de notes est un langage plus saisissant que la parole. Ce langage exprimé par des phrases bien dessinées, bien séparées, est d'une douceur exquise, comme dans les vocalises ondulantes des *alleluias*, et parfois d'une force vigoureuse, comme dans les appels et les supplications de l'*Exsurge Domine*. Il est si impressionnant et si simple à la fois que le plus simple des fidèles trouvera en l'écoutant l'expression de sa foi et de sa prière.

Ces considérations sur le plain-chant grégorien peuvent s'appliquer aussi à la musique polyphonique. Elle est en effet la réunion de plusieurs mélodies qui s'entrelacent et se font valoir l'une l'autre. Si cet ensemble est disposé avec art, il sera capable de

(1) J. GUIBERT, *ibid*, p. 8. *Revue*, X, 120-1.
(2) J. GUIBERT, *ibid.*, p. 9. *Revue*, X, 121.

produire la piété et le recueillement. Toute la musique de l'école palestrinienne est ainsi composée.

Si cette musique traduit exactement la pensée cachée sous les paroles liturgiques, quelle impossibilité y aurait-il pour que même les âmes simples ne soient saisies et impressionnées ? « Une composition pour l'église, a écrit S. S. le Pape Pie X, est d'autant plus sacrée et plus liturgique qu'elle se rapproche plus de la marche, de l'inspiration et de la saveur des mélodies grégoriennes ; elle est d'autant moins digne du temple qu'on la reconnaît plus éloignée de ce suprême modèle (1). »

Principe absolument vrai dans la pratique. Le peuple chrétien, entraîné par le mauvais goût de ceux qui le dirigent, peut accepter une musique sautillante et frivole ; il sera distrait de l'office sacré par les roucoulades sentimentales de quelques solistes salariés ; mais qu'ensuite on mette en face de cette musique de café-concert la majestueuse polyphonie d'un Palestrina, soyez assurés que son goût se réformera et se modèlera sur le principe exprimé par le Très Saint Père.

Le peuple va à l'église pour y prier, non pour y danser ; il reconnaîtra d'instinct la vraie musique qui fait prier.

Ce n'est pas à dire qu'il sera tout de suite enthousiasmé, transporté au troisième ciel comme saint Paul en face des célestes harmonies ; il lui faudra un peu d'habitude, un peu de temps pour qu'il s'accoutume à cette musique calme et sévère. Malgré cela, nous sommes persuadé qu'après plusieurs mois d'efforts, après avoir vaincu les premières difficultés du début, son goût musical sera formé de telle façon que toute autre musique à l'église lui paraîtra insipide et déplacée.

*
* *

Enfin, qu'il nous soit permis d'affirmer en quelle estime nous devons tenir nos bons vieux cantiques populaires. « On a beaucoup trop dit qu'ils ne valent rien. En y regardant de près, on trouve à plusieurs un caractère artistique. Beaucoup sont de bonne facture et faits de main d'ouvrier. Et surtout voici qui emporte notre entière adhésion : ils sont le plus souvent d'une haute valeur doctrinale dans leurs paroles. Leurs vers... sont vigoureux et fermes, sans affectation d'aucune sorte, ni d'imagination ni de rimes. Ils viennent tout droit à la bouche, comme ils viennent à l'esprit et au cœur. Ils rapprochent les idées, comme le fait le catéchisme, en une sorte de synthèse rapide. Ce sont des conclusions où s'affirment le besoin et le goût de la certitude : *Travaillez à votre salut; Reviens pécheur à ton Dieu qui t'appelle ; A la mort, pécheur, tout finira ; Je suis chrétien; Nous voulons Dieu ; Prier, c'est le bonheur*, etc. (2) »

Donnons à ces mélodies de nos cantiques populaires un revêtement harmonique élégant et raffiné si nous en sommes capables ; exécutons-les en choral à quatre voix mixtes si nous avons des choristes en assez grand nombre, mais ne les dédaignons pas. De grands musiciens ont donné leur adhésion à l'œuvre de restauration accomplie sous ce rapport par le regretté chanoine Clément Besse et par l'éminent compositeur Albert Alain. On peut citer parmi ces noms : Ch.-M. Widor qui affirmait qu'une telle œuvre « est d'intérêt national » ; Th. Dubois, de l'Institut ; E. Gigout, du Conservatoire ; M. Emmanuel, du Conservatoire ; de La Tombelle ; Letocard ; Chanoine R. Moissenet, de Dijon ; Chanoine Victori, de Strasbourg ; Camille Bellaigue, etc.

Les protestants ont conservé et ennobli leurs chorals. Ne pouvons-nous faire de même ? Nos vieux airs en valent la peine. Si nos temples doivent retentir de *la grande*

---

(1) *Instruction sur la musique sacrée*, § II, 3.

(2) *Nos cantiques populaires*, par A. Alain, Ch. Planchet et J. Legrand. Préface par le chanoine C Besse. Hérelle et Cⁱᵉ, éditeurs, 16, rue de l'Odéon, Paris.

voix des multitudes, il sera beaucoup plus facile de faire chanter la multitude avec ces airs connus dès notre plus tendre enfance que d'en apprendre de nouveaux.

« Il est des circonstances où, par tradition et par goût, nos fidèles aiment à chanter des cantiques en langue vulgaire, notamment à la fin d'un office, dans une réunion de confrérie ou pendant les missions, pendant le Carême ou encore le jour de la Première communion et dans les fêtes à caractère patriotique. L'usage de ces cantiques, qui est prohibé au cours des fonctions officielles de l'Eglise, est là tout à fait à sa place. Et on doit le conserver, car il soutient la foi des fidèles ; il est lié à leur souvenir d'enfant, et à cause de cela d'autant plus efficace (1). »

> « Ah ! comme ces vieux airs qu'on chantait à douze ans
> « Frappent droit au cœur les jours de souffrance !
> « Comme ils dévorent tout ! »
>
> *(Rolla,* d'A. de Musset).

Cela ne veut pas dire qu'il faut mépriser les mélodies nouvelles et se livrer complètement à l'art ancien. Parmi les airs modernes, il y a d'excellentes pages écrites par les maîtres. Mais nous croyons qu'il était utile et nécessaire de rappeler aux personnes chargées du chant dans les églises, que *la louange divine* chantée par nos aïeux ne mérite pas d'être oubliée par leurs descendants. C'est un héritage sacré que nous devons savoir conserver et utiliser. Ainsi se réalisera plus facilement la louange unanime au Dieu qui voulut entendre les légions d'anges chanter auprès de son berceau terrestre :

> *Gloria in excelsis Deo.*
> *Et in terra pax hominibus bonæ voluntatis.*

(1) A. Alain, *ibid.*, préface.

TABLE DES MATIÈRES

HARMONISATION DES MÉLOPÉES LITURGIQUES

Avant-Propos.. 1

1re Partie. — Accompagnement syllabique

Chapitre Ier.   — Notions indispensables de solfège et d'harmonie........... 4
Chapitre II.   — Succession des accords 11

2e Partie. — Accompagnement avec notes mélodiques

Chapitre Ier.   — Notions préliminaires................................... 16
Chapitre II.   — Harmonie serrée...................................... 17
Chapitre III.   — Harmonie divisée.................................... 21

3e Partie. — Etude de la Modalité

Chapitre Ier.   — Principes. Les échelles antiques 31
Chapitre II.   — Mode de Mi.. 37
Chapitre III.   — Mode de Ré 39
Chapitre IV.   — Mode de Fa.. 42
Chapitre V.   — Mode de Sol... 45

4e Partie. — Transposition

Chapitre Ier.   — Notions préliminaires................................... 49
Chapitre II.   — Transpositions avec dièzes 52
Chapitre III.   — Transpositions avec bémols 59

5e Partie. — Psalmodie

Chapitre Ier.   — Notions préliminaires................................... 64
Chapitre II.   — Les huit tons des Psaumes............................ 66
Chapitre complémentaire. — Essai d'harmonisation des cantiques populaires.. 76

HARMONISATION DES MÉLODIES MODERNES

INTRODUCTION.. 81
NOTIONS PRÉLIMINAIRES... 82

1re Partie. — Harmonie consonante

CHAPITRE Ier.   — Accords de trois sons...................... 84
CHAPITRE II.   — Les degrés de la gamme.................... 85
CHAPITRE III.   — Règles d'harmonie........................ 86
CHAPITRE IV.   — Renversements des accords................. 91
CHAPITRE V.   — Cadences................................. 93
CHAPITRE VI.   — Manière d'accompagner un chant donné...... 95
CHAPITRE VII.   — Modulations.............................. 96
CHAPITRE VIII.   — Marches harmoniques...................... 98

2e Partie. — Harmonie dissonante

CHAPITRE Ier.   — Accord de Septième de Dominante........... 101
CHAPITRE II.   — Accord de Neuvième de Dominante........... 104
CHAPITRE III.   — Accord de Septième de Sensible et de Septième diminuée.... 105
CHAPITRE IV.   — Accord de Septième par analogie........... 107
CHAPITRE V.   — Altérations et accords altérés........... 108
CHAPITRE VI.   — Accord de Sixte augmentée................ 109

3e Partie. — Notes étrangères à l'harmonie

CHAPITRE Ier.   — Retards et Suspensions................... 110
CHAPITRE II.   — Pédales................................. 112
CHAPITRE III.   — Notes mélodiques........................ 113

4e Partie. — Accompagnement des mélodies modernes

CHAPITRE Ier.   — Notions préliminaires................... 115
CHAPITRE II.   — Du chant donné.......................... 116
CHAPITRE III.   — Harmonisation du chant donné............ 117
CHAPITRE IV.   — Analyse des mélodies.................... 118

CONCLUSION... 120

BESANÇON. — IMP. BOSSANNE FRÈRES